U0736912

教师职业道德

主　编　冯璐远　秦小艳　张　萌
　　　　许永飞
副主编　白　雪　胡婉滢　蒋冬琴
　　　　林　芸　祖风琴

合肥工业大学出版社

图书在版编目（CIP）数据

教师职业道德/冯璐远等主编. —合肥：合肥工业大学出版社，2024.4

ISBN 978 - 7 - 5650 - 6171 - 4

Ⅰ.①教…　Ⅱ.①冯…　Ⅲ.①师德　Ⅳ.①G451.6

中国版本图书馆 CIP 数据核字（2022）第 237130 号

教师职业道德

冯璐远　秦小艳　张　萌　许永飞　主编　　　　　责任编辑　袁　媛

出　版	合肥工业大学出版社	版　次	2024 年 4 月第 1 版
地　址	合肥市屯溪路 193 号	印　次	2024 年 4 月第 1 次印刷
邮　编	230009	开　本	787 毫米×1092 毫米　1/16
电　话	基础与职业教育出版中心：0551 - 62903120	印　张	8.5
	营销与储运管理中心：0551 - 62903198	字　数	177 千字
网　址	press. hfut. edu. cn	印　刷	安徽联众印刷有限公司
E-mail	hfutpress@163. com	发　行	全国新华书店

ISBN 978 - 7 - 5650 - 6171 - 4　　　　　　　　　　定价：42.00 元

如果有影响阅读的印装质量问题，请联系出版社营销与储运管理中心调换。

前　言

"三寸粉笔，三尺讲台系国运；一颗丹心，一生秉烛铸民魂。"教师肩负着教育教学的重要责任与使命，教师的职业特性决定了教师必须具有高尚的职业道德。随着我国经济社会的快速发展，努力提高教师队伍的整体素质水平，培养一大批优秀教师，是当前我们教育事业发展的一项重要工作任务。教师素质的高低与教师职业道德有着密切关系，重视教育的发展，关注教师队伍的建设，就必须加强教师职业道德建设。

本教材的编写基于深入解读教师职业道德规范，遵循德育规律，整合了编写团队宝贵的一线从教经验和智慧。经过多次讨论和反复修改，旨在准确、完整、有序、立体式地呈现教材内容。通过本教材，学生能够系统掌握教师职业道德基本要求，提升道德思维能力，帮助学生对教师职场中的职业道德问题进行分析与评价，有效增强学生的教育情怀和教师素养。本教材具有以下特点：

（1）遵循德育规律，力求做到知行合一

本教材的框架构建遵循德育过程中学生的知、情、意、行诸因素统一发展的规律，全书分为四大模块："认识教师职业道德的要素""理解教师职业道德的基准""体悟教师职业道德的规范""评价教师职业道德的行为"。四大模块的内容理论与实践互相呼应，认识与理解依次递进，力求使学生做到学习与践行相结合，符合学生学习的思维特点。

（2）贴近教师生活，追寻职业幸福

在很多报道中所树立的理想教师榜样，往往是高不可及、过于强调教师奉献精神的案例，往往让普通教师望而生畏，难以发挥榜样示范作用。本教材所选用的"好教师"案例，强调新时代好教师的特点，贴近教师的日常生活，凸显教师平凡中的高尚品质，通过平实无华的案例引领，让学习者体会到教师职业的内在价值，认识到教师职业幸福与职业道德的内在关系。

（3）注重启发思考，自主探究贯穿始终

传统的职业道德教育习惯于单向说教，教育停留于认知、识记层面，难以引发教育对象深层次的情感共鸣。以往的师德类教材多停留于"是什么"和"为什么"层面，内容抽象空洞，而最关键的"如何做"却缺乏具体性和可操作性。鉴于此，本教材关注学习者的自主学习探究，每个主题都以问题导入，每份活动材料都设置了活动思考和活动认知，让学习者带着问题进入案例，反复思考求知，而不是简单地停留于表面阅读。自主学习和探究活动贯穿全教材，让学习者在思考中学习，在感悟中行动。

本教材在编写过程中参考了很多国内外专家和学者的文献和资料，在此谨向辛勤工作的专家表示衷心感谢。

由于时间紧迫，加之编者水平及资料有限，疏漏之处在所难免，敬请读者不吝赐教，以便再版时及时修订。

编　者

2023 年 12 月

目　　录

第一章　教师职业道德认知 ·· (001)

第一节　道德与职业道德 ·· (002)

第二节　教师职业道德的原则 ·· (004)

第三节　教师职业道德的功能 ·· (007)

第四节　践行教师职业道德的意义 ·· (013)

第二章　教师职业道德范畴 ·· (016)

第一节　教师良心 ·· (017)

第二节　教师公正 ·· (021)

第三节　教师义务 ·· (027)

第四节　教师幸福 ·· (030)

第三章　教师职业道德规范 ·· (035)

第一节　教师职业道德规范的内涵 ·· (036)

第二节　教师职业道德规范的内容（上） ································· (037)

第三节　教师职业道德规范的内容（下） ································· (049)

第四章　教师职业道德修养 ·· (061)

第一节　教师职业道德修养概述 ··· (062)

第二节　教师职业道德修养的途径和方法 ································· (071)

第五章　教师职业道德教育 ·· (075)

第一节　教师职业道德教育概述 ··· (076)

第二节　教师职业道德教育的原则和方法 ································· (078)

第三节　教师职业道德教育的特点和意义 ································· (083)

第六章　教师职业道德评价 ·· (087)

　　第一节　教师职业道德评价概述 ·· (088)

　　第二节　教师职业道德评价的标准和形式 ···························· (092)

　　第三节　教师职业道德评价的方法和要求 ···························· (095)

　　第四节　教师职业道德评价机制的构建 ······························ (099)

第七章　教师职业道德常见问题 ·· (103)

　　第一节　师生关系中的道德问题 ·· (104)

　　第二节　教师之间的道德问题 ·· (119)

参考文献 ··· (128)

第一章   教师职业道德认知

【名人名言】

道德是做人的根本。根本一坏，纵然你有一些学问和本领，也无甚用处。

————陶行知

【学习目标】

1. 了解道德与职业道德的含义。
2. 熟悉教师职业道德的原则。
3. 理解教师职业道德的主要功能。
4. 掌握践行教师职业道德的重要意义。
5. 通过本章节的学习能够树立正确的教师职业理想和信念。

【内容提要】

道德是维系人们生活和谐发展的纽带，社会的发展和文明的进步都离不开人们对道德的认同和具体德行的实践。教师是答疑解惑、教书育人的群体，首先是以一个拥有道德思维能力和德行践行能力的角色出现在学校生活当中，其次是以一个持有完善的专业知识体系和教学技巧的教育者的形象出现在学生们面前。教师与道德之间构成了特殊的关联，教师职业道德是教师在教育实践中道德认识与道德行为的真实写照。针对教师职业道德的探讨不仅涉及教师自身素养的养成，更关系到学生道德观念的形成以及学校生活的秩序发展。

【课程导入】

借1分，还10分

在期中考试中，一名学生的语文考了59分，而父母要求他必须及格，否则就要挨揍。于是，他十分着急地找到老师，央求道："老师，求您给我加1分吧。""我可以给你加1分，但这1分是老师借给你的，还的时候要加上利息，借1分还10分，期末考试时，我会从你的成绩中扣10分，你愿意吗？"老师问道。学生欣然答应。期末考试时，他的语文成绩是85分，老师按照约定扣了10分以后，又因为他进步巨大而奖励了他10分，最终他的语文得分还是85分。

这位老师以"借1分，还10分"的方式巧妙地处理了学生的加分请求，鼓励学生努力学习，从而使学生取得了巨大的进步。

第一节　道德与职业道德

一、道德

道德是人们的一种思想观念，它最初被理解为人类特有的内在的思维活动，是支配人类行为活动的原动力，是维系社会发展和人类进步的根基。西方的"道德"（moral）一词源自拉丁文"摩里斯"（mores），意思为礼节、风俗和习惯。在我国"道"是一切行为应遵守的最基本、最高的行为准则，"德"是对生活中"善"的现象总的概括，"道德"因而构成了生活中善行的全部内容。对道德的整体把握不能仅停留在"道德"的传统认知之上，更应该从道德的本质进行剖析。对于"道德"概念没有统一的定义，词典上对"道德"的解释为："社会意识形态之一，是人们共同生活及其行为的准则和规范。"又如："一定社会为了调整人们之间以及个人和社会之间的关系所提倡的行为规范的总和。"因此，"道德"一词的本质可以理解为："为了实现个人与社会的协调发展，调和个人之间以及个人与社会之间的关系所倡导的行为规范的总和。"

道德的含义可以从以下几个方面来理解。

（一）道德是一种社会制度

道德的实质是一种社会行为规范，属于社会制度的范畴。道德不仅规定着社会成员思想和行为的标准，是人们共同遵守的行为准则，而且在实际的生活中，道德可以直接通过思维判断和大众舆论对人们的日常行为进行规范和约束，使之符合社会发展的核心价值取向，这是巩固社会制度、促进社会文明进步、提高人们自身素质的重要途径。

（二）道德是一种复杂的意识形态

道德观念是存在于头脑中的不可捉摸的思维活动，它具有多元性、阶段性、可塑性、不稳定性、自觉性等特征。首先，道德观念的存在形式是复杂多样的，它不以固定的形态出现。由于人们的思维活动是一直处于活跃状态的，随着环境因素的变化而改变，尤其在当下影响因素众多，人们的思维变化更加迅捷，由此引起道德观念表现出多元化的形态。其次，道德观念是随着时间的推移而发生变化的。人们身心特征的变化直接影响到对道德认知和道德体验的感官认识，不同年龄阶段对同样的道德现象会作出不同的反应，但随着年龄的增长，这种道德认知的阶段特征也会变得更长。再次，道德观念具有不稳定性。与阶段性特征相一致，道德观念的稳定性是随着身心变化而改变，伴随心理成熟度的增加而趋于稳定。最后，道德观念具有自觉性的特征。道德行为的践行是需要一个过程的，从道德认知的形成、道德思维判断的形成、道德习惯的养成，再到道德自觉性的形成，从而构成了一条完整的道德行为模式。道德自觉性的形成至关重要，它体现出一个人道德意识的成熟程度和践行道德行为的能力。由此可见，道德是一个有着多种特征的意识形态。

（三）道德是一种群体影响力

道德是群体间互动的结果，离开个体间互动的条件，道德将不复存在。首先，个人的道德是毫无意义的，道德的本意在于对他者施加的正向影响。既然道德是一种社会制度，那么道德就将通过具体的行动来履行维系社会正常秩序所必需的各种行为模式。在施展道德行为的同时，也是他者对施动者行为进行评价的过程，离开他者的评价和互动所产生的效果，道德自然而然地就丧失了自身存在的意义，也就是说，若对他者采取行动的过程中没有产生影响作用，这个过程也就无所谓道德与否。其次，道德的互动影响必须体现出积极的一面。我们说，道德是"真""善""美"的表达，正是人类对美好事物的向往和社会进步的内在要求，道德在不断地激励着我们形成"向善求真"的价值取向。道德在人际互动的过程中对他者产生积极的影响作用，如果是消极作用，那么就是不道德的行为。最后，道德的群体性为道德行为的实施搭建了必要的环境和良好的平台。群体的互动产生了人们的道德思维，从而为道德认知提供了基础，人际的交流与沟通是道德体验的场域，是锻炼道德行为的重要场所，因此，群体间的互动将直接推动人们道德观的成长。

（四）道德是一种民族文化的反映

道德观念是思想文化的载体，反映了一个民族、一个国家、一个社会群体的核心价值观念。我国的传统美德传承着优秀的民族文化，在几千年的文化积淀中，传统美德经历着一代代人的继承和发展，不断地维系和推动着社会的前行，尤其在中华民族文化的发展进程中，道德一直以来是作为文化中的核心内容出现的。文化是人类物质文明与精神文明的成果，是推动社会进步的动力。精神文明的创造离不开良好的道德品质以及道德行为规范的约束作用，因为文化本身是社会生活的反映，依赖于社会制度的制约作用，这与道德的作用是一致的。

【知识链接】

道德标准的三个层次

第一层次"不准"

道德以否定式的规范告诫人们不能实施哪些行为，如不准偷窃、不准虐待老人等。

其基本目标是防止个体和社会遭受侵害。

第二层次："应该"

道德以肯定式的规范界定人们的行为，其基本目标是通过要求各类社会角色实施互利互惠行为，实现造福人类的目的。人们通常把符合这类要求的行为称为"善"。

第三层次："提倡"

道德以赞扬式的规范引导人们树立一定的道德理想，如舍己为人、拾金不昧等。其基本目标是通过赞誉特殊情况下的个人行为，实现人类和社会的美好理想。

二、职业道德

职业道德是社会道德的重要组成部分，是社会道德原则和规范在一定的职业行为和职业关系中的特殊表现，是从业人员在职业活动中应该遵循的行为准则，以及应当具备的道德观念、道德情感和道德品质。

职业道德具有以下三个特征。

（一）职业性

职业道德的内容与职业实践活动紧密相连，反映着特定职业活动对从业人员行为的道德要求。每一种职业道德都只能规范本行业从业人员的职业行为，即只在特定的职业范围内发挥作用。

（二）实践性

职业道德的作用是调整职业关系，对从业人员职业活动的具体行为进行规范，解决现实生活中的具体道德冲突。所以，职业行为过程就是职业道德实践过程，职业道德的水准只有在实践过程中才能体现出来。

（三）继承性

在长期实践过程中形成的职业道德规范会被作为经验和传统继承下来。由于同一种职业的服务对象、服务手段、职业利益、职业责任和义务相对稳定，所以，即使在不同的社会经济发展阶段，同一职业不同职业行为的道德要求的核心内容也会被继承和发扬，从而形成在不同社会发展阶段被普遍认同的职业道德规范。

第二节　教师职业道德的原则

教师在教育实践中必须遵守一定的原则，以便协调教育实践过程中的各种关系，保证教育教学活动的正常进行。教师职业道德的基本原则作为对教师行为的基本要求和评价标准，在教师职业道德体系中处于主导地位。因此，认真学习、践行教师职业道德的基本原则是做好一名教师的基本要求。

一、为人师表原则

为人师表是指教师要在各个方面都成为人们的表率、榜样和楷模。教师是以言传身教的方式来影响和教育学生的，因此，为人师表是教师必须遵守的职业道德基本原则。

教师的一言一行都对学生有着潜移默化的影响。学生在学校不仅会学习教师传授的知识和技能，还会学习和模仿教师的穿着打扮、语言声调、走路姿态及各种动作等。在学生的心目中，教师的言行就是道德的标准。教师在学生的眼中既是智慧的象征，也是高尚人格的象征。可以说，教师的思想、行为、作风和品质时时刻刻都在影响着学生。

因此，教师在工作中必须规范自己的言行举止，要以自己的"言"为学生之师，以"行"为学生之范，言传身教，动之以情，晓之以理，导之以行，做名副其实的人类灵魂工程师。

二、教书育人原则

教书育人就是传授知识，培养人才。作为教师职业道德的一个基本原则，其要求教师按照党和国家的教育方针，坚持育人为本、德育为先，把立德树人作为教育的根本任务。在传授知识的同时，帮助学生树立正确的世界观和人生观，培养良好的道德品质，养成良好的行为习惯，组织学生开展有益的文化娱乐活动和体育活动，提高学生的身心健康水平。

需要注意的是，教师应当遵循教育及学生成长的规律开展教学活动，从实际出发，采用适宜的教育方法，促进学生的健康成长。与此同时，教师应当努力学习科学文化知识，研究教育理论，提高思想政治觉悟，不断提高自身的综合素质，以适应教书育人的需要。

三、依法执教原则

依法执教就是教师在所从事的教育教学活动中，必须严格遵守《中华人民共和国教师法》的相关规定，如"遵守宪法、法律和职业道德，为人师表""贯彻国家的教育方针，遵守规章制度，执行学校的教学计划，履行教师聘约，完成教育教学工作任务"等。教育公正要靠依法执教来维护，依法执教是教师完成本职工作的前提和基础，也是国家和社会对教师提出的道德要求。

在贯彻依法执教原则的过程中，教师不仅要学法、懂法，树立教育法律意识和教育法制理念，做遵规守法的模范，而且应当尊重和维护《中华人民共和国宪法》、《中华人民共和国教育法》（以下简称《教育法》）、《中华人民共和国义务教育法》（以下简称《义务教育法》）及其他相关法律法规所赋予学生的各项权利。

四、乐教敬业原则

乐教敬业原则是指教师要乐于从事教育事业，敬业地从事教育工作。这是对教师提出的基本道德要求。"乐教"与"敬业"两者的关系是辩证统一的，乐教中包含着教师对所从事的教育事业的崇敬，敬业中包含着教师对本职工作的热爱之情。

要想做到乐教敬业，教师应在以下几个方面下功夫：首先，教师应深刻认识和理解教师这一职业的重要意义。只有这样，教师才会对教育工作产生真挚的、深厚的感情，才会被教育工作本身所具有的乐趣吸引，才能积极地面对自身的社会责任和社会任务，以献身教育事业为荣，满腔热情地投入教育工作中去。其次，教师应持续学习，努力提高自身的专业素质。乐教敬业必须建立在扎实的专业基础之上和广博的知识学问之中。教师只有不断地丰富自己的专业知识，提高自己的教学技能，才能展现"学高为师"的职业风范。最后，教师应该严谨治学，精益求精。其中，严谨治学包含两层意思：一是要以认真负责的态度完成教学任务；二是要有不断探索的精神，坚持科学研究，即对教学规律和教学内容开展深入的研究。

五、教育人道主义原则

教育人道主义原则是指在教育过程中教育者与受教育者都应当从社会主义人道主义原则出发，尊重对方作为人的价值与尊严。在此基础上，注意发挥教育原则作为过程主体的角色作用，以完美人格要求自己，以人道原则协调自己与他人之间的关系，从而调动受教育者以及教育过程中其他参与者的积极性，保证教育任务的完成和教育目标的实现。教育人道主义原则包括以下两点。

（一）现代教育应体现尊重人道的精神

人道原则是资产阶级革命的产物。人道原则的确立对现代教育产生了重要影响。教育人道主义原则强调尊重人道的精神这一基本内容，在社会主义初级阶段具有现实性。教育人道原则指的是：保障受教育者的教育权利；教育要尊重和保护师生的一般权利。

（二）应努力促进个人全面发展

教育人道主义的各种探索，多突出个人、个性的全面发展，这有必然性和进步性。现代教育提高人的价值，促进人的解放，主要是提高人的主体性和独立性，凸显个人发展。使受教育者德、智、体全面发展，是我们一贯的教育方针。对个人全面发展的另一种简单化、片面化理解是搞"一刀切"、拉平补齐。此外，也不能割裂人的发展的整体性。

【知识链接】

联合国教科文组织关于师德规范的规定

联合国教科文组织在《关于教师地位的建议书》中提出的师德理想是："应以人类个性的全面发展，以集体精神的、道德的、社会的、文化的和经济的进步，以及以对人权和基本自由极大尊重的谆谆告诫为目标，将最主要的注意力集中于教育对于和平以及对于各民族、种族和宗教集团间的了解、宽容和友谊所做的贡献上。"这个建议书提出的具体师德规范如下：

（1）教师不得以种族、肤色、性别、宗教、政治见解、民族、社会成分或经济状况为理由，以任何形式歧视学生。

（2）教师要为每一个学生提供可能的、最充分的受教育机会，应适当注意对教育安排有特殊要求的儿童。

（3）教师应具有必要的德、智、体的品质，并且具有必要的专业知识和技能。

（4）教师要尽一切可能与家长紧密合作，但也不能在教师专业职责等方面受到家长不公正和不应有的干涉。

（5）教师要积极参加社会公共生活。

（6）为了学生、教育工作和全社会的利益，教师要力求与各行政主管部门充分合作。

（7）教师应参加课程、教学方法和教学设备的改进工作。

（8）教师要公正地评定学生的学业成绩。

（9）教师应避免学生发生意外事故。

第三节　教师职业道德的功能

教师职业道德的作用是指教师职业道德对教师个人、对学生、对学校集体、对社会的作用，体现了教师对教育事业、对学生、对社会的价值。教师职业道德要求每一位教育工作者要自觉按照教师职业道德的规范要求，正确处理个人与他人、与集体、与社会的关系和矛盾，在教育教学活动中，选择正确的道德行为，从而保证教育工作的顺利开展和教育目标的实现。

一、导向功能

在教育活动中，教师居于主导地位，学生是教育的重心和对象，教师的道德品质对于学生的成长、发展尤其是思想品德的形成起着重要的导向作用。

（一）激励作用

教师的行为对学生具有示范性。教师生动的课堂教学、高尚的道德责任感、严谨的治学态度、不懈的求知精神、完美的道德形象，会对学生产生强大的吸引力，激励学生树立起崇高的志向，正确地选择自己的人生道路，并奋发努力、刻苦学习、积极向上，从而成为一名合格的专门人才。作家魏巍在《我的老师》一文中曾讴歌他的启蒙老师是他一生中最难忘的老师，是老师那种强烈的爱国主义精神和热爱儿童的心，使他健康成长并走上文坛。可见，在学生的成长过程中，教师的引导、激励作用是十分重要而又巨大的。

（二）控制作用

青少年学生正处在长身体、增知识、立德志之时，他们生活阅历浅，分辨是非的能力较差，对周围事物的认识也浮于表面，缺乏较强的分析能力。因此，他们在选择自己的行为时，往往凭自己的情绪体验或一时的冲动而不顾后果，容易出现过激行为。教师良好的道德榜样和耐心细致的说服教育，可以使学生逐步学会对事物进行理性分析，从而以理智控制自己的情绪和行为。

（三）调整作用

在道德行为进行的过程中，往往会遇到主客观各种因素的干扰，一些意志力不够坚强的学生就有可能中止正在进行的道德行为或进行不正当的活动。在这种情况下，教师良好的道德榜样可以促使学生对不符合道德要求的情感、欲望或冲动予以克制，从而调整自己的行为，保持自己正直的人格。

（四）矫正作用

教师是学生的一面镜子，不少学生都以教师的道德为榜样，对照自己、检查自己、克服缺点、纠正错误。

总之，学生的健康成长和发展离不开教师道德的激励、控制、调整和矫正。但是，学生既是教育的客体，又是教育的主体。教师道德的导向作用，不论有多大，毕竟只是外因，外因必须通过内因才能起作用。教师道德对学生的激励和影响，只有通过学生自身的观察、思考、领悟和选择，才能形成他们的道德意识、道德信念和道德情感，内化为他们的道德品质。所以，教师道德对学生的导向作用，只有在适合学生身心发展的一般规律和个性特点需要时，才能得到充分的发挥。因此，要想最大限度地发挥教师的导向作用，促进学生的发展，教师既要有高度的道德责任感，使自己成为一个良好的榜样，又必须遵循教育规律。

【案例】

张思明的成长之路

张思明，中国当代教育家，国家特级教师，北京大学附属中学副校长、资深数学教师，是教育界赫赫有名的人物。

张思明18岁那年，他高中毕业，被留校当老师，至今整整30余年。张思明酷爱学习，然而，在他高中毕业时，正值"文革"末期，"反潮流、交白卷"依然盛行，上大学只能是他一个可望而不可即的梦。

张思明是靠自学成才的。1981年，国家恢复高等教育自学考试后，他第一批报了名，然而却没有通过公共课考试。第二年再考，结果还是一样。两次失败，他并不甘心，第三年，他又报了名。这一次，他终于如愿以偿。1985 年，他自学修完了北京大学数学系的本科课程，取得了理学学士学位。1993 年，他又以全优成绩，提前半年学完了首都师范大学数学系的研究生课程，获得硕士学位。为此，他曾作为全国自学成才的先进典型，受到中央领导的接见。

张思明是一个用心做教育的人。他主张教师要有创造性思维，要敢于打破常规，要善于启发学生的兴趣，要注重引导学生自主探索。在长达 30 余年的教学生涯中，他先后总结出"极端思维法""压盖阅读法""32 笔记法"等 30 多种学习方法，大大提高了学生的学习能力和教学效果。他的学生先后在全国各类竞赛中获得 150 多个奖项。

张思明是一个勤奋的人。他说："自己的智商并不高，之所以有一点成绩，靠的就是克服惰性。"30 余年来，为了备课、学习，他坚持每天早上 4 点半起床。作为数学教师，他每周要上十几节课，批改 300 多份作业。作为班主任，他送走过 9 个毕业班。在近乎满负荷的工作状态下，他累计写出 150 万字的专著，发表高质量论文 40 多篇，获得"苏步青数学教育一等奖""胡楚南优秀教学成果奖"等多个奖项。

30 年来，他先后被授予"北京市十大杰出青年""北京市青年教师师德之星""全国优秀教师""全国模范教师"等荣誉称号。

他说，作为一名教师，永葆"职业青春"的秘诀只有一条，那就是"终身学习，不断进取！"

人们常说："要给学生一杯水，教师要有一桶水。"但是，张思明认为，在信息时代的今天，"一桶水"是远远不够的，应该开凿一眼清泉，有了源头活水，才能真正做一名让学生满意的教师！

二、教育功能

教师职业道德不仅能调节教师行为，保证教育过程的顺利开展，而且对学生具有很大的教育功能。

（一）教师的道德品质对学生品德的形成具有示范作用

教师的教育对象是青少年学生。教师良好的道德品质对学生品德的形成具有强烈的示范作用，影响学生品德的塑造。教师品德的示范作用和教师劳动的特点有密切的联系。教师的劳动具有示范性，教师的思想品德、学识才能、兴趣爱好、言行情感，在教育过程中会对学生产生深刻的影响，并成为学生学习的榜样。在学生心目中，教师是道德的典范、行为的楷模，是他们最爱模仿的对象。教师对社会是非、善恶、美丑的看法，对事物爱憎、好恶的情绪态度及其行为表现，都会被学生所效仿。教师的道德品质状况如何，直接影响学生品德的塑造。具有高尚品德的教师，对学生的品德即学生的道德认识、道德情感、道德意志和道德行为的形成能起到很好地促进作用。教师崇高的道德思想能引导学生形成科学的世界观、人生观、价值观，帮助学生明辨是非，区分善恶、美丑，提高学生的道德认识。教师积极的道德情感能极大地感染学生，使学生学会爱憎分明，形成良好的情绪态度。教师坚毅的道德意志，能激发学生克服困难的信心和勇气，培养学生百折不挠、开拓创新的精神。教师高尚的道德行为能引导学生进行正确的道德选择，培养学生良好的道德习惯。实践证明，教师的道德品质对学生品德的形成具有潜移默化的、强大的示范作用，这种作用持久而深刻，是塑造学生品德的关键因素。

（二）教师的道德品质对学生智力的发展、科学文化水平的提高有推动作用

教师的道德品质与学生智力的发展、科学文化水平的提高有密切关系。教师的道德品质作为教师劳动的重要工具，对学生智力的发展、科学文化水平的提高具有十分重要的推动作用。在课堂教学中，教师科学的世界观、人生观、价值观，能激发学生树立崇高的理想，正确选择自己的人生道路，努力为社会的发展而勤奋学习。教师渊博的知识、严谨的治学态度、求实勤奋的工作作风、开拓创新的精神，能培养学生科学的学习态度和学习方法，培养学生优良的学风。教师用真诚的微笑、友善的目光、亲切的赞语、循循善诱的教诲营造和谐热烈的教学气氛，能吸引学生学习的注意力，培养学生的观察力，激发学生的思维创造力和想象力。可见，教师高尚的道德能极大地推动学生智力的发展，推动学生努力学习，实现自己的人生理想。同时，教师的道德品质能帮助教师充分认识自己的社会责任，履行自己的工作职责，端正自己的工作态度，从而努力工作，为教育质量的提高、学生智力的发展提供根本保证。

（三）教师的道德品质对培养学生审美情趣具有促进作用

教育不仅要使学生德、智、体得到发展，而且要对学生进行美的教育。美的教育包括审美情趣的教育。审美情趣是人的重要的心理品质之一，是审美情感和审美兴趣之一，它对人们事业的成功和生活的幸福有重要影响。教师的道德品质对学生的审美情趣，对学生美的教育也有一定的促进作用。教师高尚的道德品质使学生懂得什么是心灵美；教师优美生动、文明礼貌的语言，使学生感受到什么是语言美；教师美观大方的仪容、端庄得体的服饰、优美高雅的举止，使学生体会到什么是仪表美。学生通过教师的道德表现出来的心灵美和外在行为美的体验，从而培养高雅、健康的审美情趣，形成学生感受美、鉴赏美和创造美的能力。

（四）教师的道德品质对学生良好心理素质的培养具有促进作用

拥有良好的心理素质，是学生学习、生活的重要保证。培养学生健康的心理素质是现代教育的重要内容之一。教师的道德品质对培养学生良好的心理素质具有不可替代的作用。教师辩证唯物主义的世界观，能使学生以科学的态度去对待现实，冷静妥善地对待周围的人和事，使心理反应适度，情绪正常。教师科学的人生观，能帮助学生树立远大志向，正确对待人生道路中遇到的困难和矛盾，做到积极、乐观、上进。教师正确的价值观能帮助学生摆正个人与集体、个人与社会的关系，摆正奉献与索取的关系，在处理个人利益和社会利益的矛盾时获得心理平衡。此外，教师良好的道德

情感、道德意志和道德行为，都会对学生的心理健康带来促进作用。

三、调节功能

教师职业道德是教师在教育活动中最主要和最有效的控制和调节机制，是制约教师言行的内在精神力量，能激发教师的自觉性、积极性和创造性，使教师在职业生活中依照一定的是非、善恶、荣辱观来调节自己的行为，通过教育、评价、沟通等方式和途径，指导和纠正教师个人与他人、个人与社会关系及交往中的行为，协调教育过程中的各种关系，解决各种矛盾，顺利完成教育教学任务。

（一）通过调节教师与教育事业的关系，促进教师爱岗敬业

教师与教育事业的关系是教育过程中的基本关系。教师对这一关系的认识，是教育过程得以顺利进行的前提条件。因为教师对教育事业地位和意义的认识，将直接影响到教师的职业情感和职业态度，影响教师劳动的效果。如果一个教师对教育事业没有充分的认识，不热爱教育事业，他的工作态度必然是冷漠的、敷衍了事的，劳动的效果必然是差的；反之，一个具有良好职业道德修养的教师，能深刻理解教师平凡职业的伟大，看到教育事业在人类社会发展中的重要作用，体会到自己艰苦劳动的社会价值，感受到教书育人的快乐，在教育过程中，会爱岗敬业、无私奉献。可见，教师对教育事业的认识和态度，是做好教育教学工作的首要条件。在新时期，每个教师应充分认识到教育事业在社会主义现代化建设中的重要地位和作用，自觉履行教育职责，端正职业态度，牢记社会和人民赋予的任务，教好书，育好人。教师应自觉把培养德、智、体、美、劳全面发展的社会主义新人，为社会主义造就合格人才作为自己的根本任务，积极发挥主人翁精神，主动投身于教育事业，努力做一名优秀的人民教师。教师应有坚定的信念和克服各种困难的勇气和毅力，冷静地、客观地分析各种社会现象和利益关系。教师要将"敬业""乐业"和"创业"的精神动力，逐步转化为自觉的行为习惯。

（二）通过调节教师与学生的关系，形成尊师爱生的教育氛围

教师与学生的关系是教育过程中最基本、最重要的关系。在教育教学过程中，师生关系是否和谐、融洽，直接影响到教育的质量和教学的效果。如果师生关系紧张，学生对教师的教育就会产生逆反心理和对抗情绪，学生厌学、教师厌教，教育的质量和教学的效果必然是差的。而良好的师生关系能使教师爱教、学生乐学，形成尊师爱生的良好教育氛围，推动教育教学活动顺利开展，促进学生智力的发展和思想道德品质的提高。当然，良好师生关系的建立关键在教师，因为教师处于矛盾的主要方面，在教育过程中居支配地位，起主导作用。教师无论在知识、智力、道德水平、社会经验等方面都比学生有明显优势，掌握教育教学的主导权。因此，要培养良好的师生关系，教师应主动提高自己的道德修养。教师在教育教学中应自觉贯彻党的教育方针，要热爱学生、了解学生、关心爱护学生、严格要求学生。教师热爱教育、热爱学生的

高尚道德行为无疑会激起学生的尊师回报，赢得学生的尊敬和爱戴，从而形成有利于学生身心发展的教育氛围。学生的尊师重教反过来进一步激发教师的敬业爱生。这种良性循环形成的尊师爱生的教育环境，不仅能极大地激发学生学习知识的积极性，促进教与学的同步发展，促进教学质量的提高，而且能促进学生良好思想品德的形成，促进学生个性的和谐发展。由此可见，教师职业道德状况在很大程度上决定着师生关系的状况。良好的教师职业道德素质是形成尊师爱生教育环境的前提条件，是保证教育过程顺利进行的关键因素。对学生的尊重，体现在尊重学生的人格，平等、公正对待学生。唯有个体生命得到尊重，个人才能有尊严地生活，而教师的尊重，无疑会给予学生最充分的自信。教师要以一种辩证、发展和欣赏的眼光看待学生，以积极的心态投身于教学活动之中，努力为学生营造宽松、和谐的成长氛围，为学生的健康成长投入自己的生命激情，用一颗宽容博爱之心面对成长环境及性格心理各异的学生。教师要能设身处地地为学生着想，而不是偏激与苛责；能耐心做一个倾听者，而不是厌烦与敷衍；能给予犯错的学生足够的宽容和帮助，而不是简单粗暴地批判和惩罚。

（三）通过调节教师与教师的关系，形成团结协作的教育凝聚力

教师与教师的关系也是教育活动中的一对基本关系。教师与教师之间的关系如何，会影响到教育工作的效率，影响教育活动的顺利开展。如果教师间人际关系紧张、对立，不团结一致，会极大地降低教育工作的效率。良好的教师人际关系，能把教师凝聚成一个爱岗敬业、无私奉献的群体，形成团结协作的教育凝聚力，推动教育任务的出色完成。唯物辩证法认为，矛盾普遍存在于事物的发展过程中。在教育过程中，教师之间由于劳动的特点、个性的差异、学术观点的不同、学生评价的差别、教育评估的结果等，会产生这样或那样的矛盾。如何解决教师之间存在的矛盾和利益冲突，将影响到教师队伍的凝聚力，影响教育任务的完成。教师之间的矛盾属于人民内部矛盾，这些矛盾绝大多数是在根本利益一致基础上的非对抗性矛盾，这类矛盾不能通过法律调节，不能单靠行政手段和经济手段进行调节，而主要依靠教师道德来调节。通过道德调节，使教师之间能互相尊重、互相学习、互相配合，正确处理好个人利益与他人利益的关系，同事间做到既合作又竞争；使教师有宽阔的胸怀，有承受挫折的容忍力，有健康的心理。教师之间良好的人际关系为教育目标的实现、教育活动的顺利开展、教育效率的提高、教师的自我完善打下基础。因此，运用教师职业道德调节和搞好教师间的关系，是做好教育工作的必要条件。

（四）通过调节教师与学校其他成员、与社会其他成员的关系，形成教育合力

在教育过程中，教师还会遇到其他的人际关系，如教师与学校领导的关系、教师与学校行政后勤人员的关系、教师与学生家长的关系、教师与社会其他成员的关系等，处理好这些关系，对教育过程来说也十分重要，它有利于形成教育合力，共同推动教育教学活动的顺利开展，为教育目标的实现提供各个方面的保障。教师劳动和其他劳

动不同的显著特点是教师劳动的出发点是培养人，归宿点也是培养人，除了需要教师的直接劳动、直接教育外，还需要组织各方面的力量来共同完成。组织各方面的力量既需要法律的、行政的手段，更需要道德的手段。在教育过程中，具有良好道德修养的教师，能以自己的人格魅力吸引、团结各方面的力量，搞好教育教学工作。教师尊重学校领导，积极为学校的发展出谋献策，无疑会赢得领导的关怀和支持。教师关心学生，尊重家长，主动听取家长的教育意见，必然会得到家长的尊敬和对学生教育的配合。教师对校外各种社会成员做到文明礼貌、平易近人、热情大方、谦逊有礼，能得到各种社会力量的有力支持。特别在教学实习和参观学习中，教师良好的道德素质是取得信任、争取帮助和指导的重要条件。由此可见，教师与学校其他成员、教师与社会其他成员的关系状况如何，也会直接或间接地影响到教育活动的开展和教育目标的实现。

第四节　践行教师职业道德的意义

一、践行教师职业道德对社会的意义

首先，教师职业道德本身属于社会道德的一部分，加强教师职业道德建设，提高教师的职业道德素养，营造良好的行业之风，对于其他职业，乃至整个社会的道德建设，都将产生积极的影响。其次，教师的道德品质、敬业精神和行为表现对学生成长有着重大影响，学生会带着这样的影响走向社会，并在各自的学习和生活中对他人产生潜移默化的影响，从而促进整个社会的道德建设。最后，教师职业道德还会对教师的家庭成员、亲戚朋友、左邻右舍等产生直接或间接的影响，进而对社会的精神文明建设产生促进作用。

【案例】

身教重于言传

这学期，李老师担任小学四年级的科任老师。上课铃声一停，李老师一走进教室，就看到学生在交头接耳。班长喊"起立！"后，学生像打了败仗的士兵一样，无精打采地站起来，有的学生还坐在凳子上，不停地整理东西，还有的学生还在打闹。上第一节课时，学生是这个状态，第二节课时还是这样。

李老师没有责怪学生，而是决定用自己的实际行动影响他们。第二天上课时，班长喊"起立！"后，李老师五指并拢，严肃地站在讲台上，足足注视了学生两分钟，教室里这才安静了下来。等学生都肃立在座位上后，李老师才让他们坐下，并且表扬了几名站姿端正的学生。后来，每次上课前，李老师都在讲台上肃立并目视学生一分钟，之后才让他们坐下，并且每次都点名表扬站姿端正的学生。慢慢地，全班学生都改掉了原来的坏习惯。此后，每当李老师走进教室，随着班长一声"起立!"全班学生就像士兵一样起立并站得整整齐齐，同时目视老师。

学生有了良好的纪律意识之后，课堂纪律好多了，教学效果也自然而然地得到了提升。这说明，教师在教学中要注重细节，要求学生做到的，教师首先要自己做到，这样才能发挥教师的师表作用。

学生的模仿能力很强。在与教师相处的过程中，他们会把教师的一举一动都记在心里，并有意或无意地模仿教师的言行。也就是说，教师的行为举止会对学生产生潜移默化的影响。因此，教师应注意言传身教。如果教师要求学生写字认真，自己就不能写字马虎；要求学生说话诚实，自己就不能撒谎；要求学生有礼貌，自己就应该对人有礼貌，谈吐文雅；要求学生不要打人骂人，自己在教育学生时就不能动拳脚；要求学生节约粮食，自己就不能把吃不完的饭菜扔掉；等等。总之，教师言行一致，以身作则，才能说服学生，感染学生，熏陶学生。正所谓身教重于言传。

二、践行教师职业道德对教育工作的意义

在教育实践中，社会教育事业、教师集体、教师个体及学生个体会同时存在并相互作用。在复杂的教育环境下，四者之间的利益不可能永远都是一致的，它们之间时常会产生一些矛盾和冲突。虽然教育部门制定出了各项教育行政制度和各种奖惩措施，且它们在调节各种利益矛盾、指导教师行为方面发挥了一定的作用，但仍需要一种更为有效的调节手段，能够对教育活动的各个方面进行指导、调节和监督。这个调节手段就是教师职业道德。教师职业道德能对教育过程中的各种矛盾进行调节，也能对教师的情绪、心理和行为进行调节，促使教师规范从教、不断进取。

一方面，教师严格遵守教师职业道德的规范和要求有利于自身在职业活动中选择正确的职业行为，并避免不道德的行为，从而保证教育教学工作的顺利进行；另一方面，教师践行良好的师德有利于自己更好地协调教育教学工作中的各种关系，获得家长的认可和领导的肯定，进而使自己充满成就感，信心倍增，干劲十足，从而在教育教学工作中更上一层楼。

三、践行教师职业道德对教师的意义

（一）有助于教师提高师德修养的自觉性

近年来，社会生活中时不时会发生个别教师道德失范、诚信缺失等事件。这种现象不但损害了教师的整体形象，而且玷污了良好的社会风尚。通过系统地学习和践行教师职业道德，教师能够从理论高度上深刻认识教师职业道德修养的重要性，增强选择合理教育行为的信心和自觉性，从内心牢固树立"幼吾幼，以及人之幼"的观念，

弘扬中华民族的传统美德，从而从根本上杜绝道德失范的现象发生。

（二）有助于教师提高道德判断力，增强责任感

教育活动中的道德矛盾和利益关系错综复杂，每个教师在自身的职业生活中都面临着大量依靠以往道德经验不能解决的道德疑难问题。教师只有学习和践行科学、系统的教师道德理论，才能冷静、客观地分析问题，做出正确的道德判断，从而创造性地解决道德疑难问题；只有具备高尚的职业道德素养，才能始终坚守教育的育人本性和内心的职业良知，永远保持强烈的事业心和高度的责任感。

四、践行教师职业道德对学生的意义

（一）对学生健全人格的形成起着奠基作用

学生正处于长身体、学知识、立德志的重要时期，具有较强的模仿能力和可塑性。在教育教学的过程中，教师职业道德与教师的其他个性因素结合在一起，对学生具有直接的教育意义。

学生不仅通过书本知识的学习培养善恶观念，而且通过直接体验或模仿教师在教育教学过程中表现出来的道德观念和道德行为树立是非、善恶的观念。因此，对于学生道德品质的形成和发展来说，教师职业道德是一股巨大的教育力量。教师的人格力量是任何教科书、任何道德箴言、任何奖惩制度都不能代替的一种教育力量。

（二）对学生道德行为的养成具有示范作用

道德行为是道德品质的外在表现，道德品质需要借助道德行为才能展现出来。孔子说："其身正，不令而行；其身不正，虽令不从。"也就是说，身教胜于言教。教师是学生在校园中所接触到的最直观、最真实的道德榜样。教师可以通过自己的身体力行来印证课堂上的言教，使学生得到心灵的顿悟和人格的升华，进而实现"不教而教"的效果。这种示范作用比说教更深刻，更清晰；比高谈阔论更生动，更具体。

【思考练习】

1. 教师职业道德特点是什么？

2. 教师职业道德的基本原则有哪些？

3. 教师职业道德与道德的联系和区别是什么？

4. 联系实际谈谈你对教师职业道德作用的认识。

5. 践行教师职业道德分别有哪些重要意义？

第二章 教师职业道德范畴

【名人名言】

君子有三乐，而王天下不与存焉。父母俱存，兄弟无故，一乐也；仰不愧于天，俯不怍于人，二乐也；得天下英才而教育之，三乐也。

——孟子

【学习目标】

1. 了解我国教师职业道德范畴的内容。
2. 理解教师职业道德范畴的内涵和意义。
3. 掌握践行教师职业道德范畴的要点和实施途径。

【内容提要】

教师职业道德范畴是教师职业道德规范体系的重要组成部分，主要包括教师良心、教师义务、教师公正和教师幸福。教师良心是教师职业道德的核心，教师义务是教师职业道德的基础，教师公正是教师职业道德的重要因素，教师幸福是教师职业道德的价值目标。正确认识教师职业道德范畴的特点、内容和作用，对于教师认识教育职业劳动中的道德关系，调整教师的职业道德行为，具有重要的意义。

【课程导入】

"不公正"的公正

两名"后进生"在宿舍里为了争夺一把吉他而扭打起来，最后去找教师评理。出乎意料的是老师听罢不仅没有批评他们，反而表扬了他们有进步，理由是："第一，你们为了吉他而打架，比上次为抢帽子而打架要好多了，因为想弹吉他是好事。第二，动手打人不对，但没有上次厉害。第三，也是最重要的，你们想到了解决问题的新方式——找老师，而不是像以前那样非打出一个输赢不可。"接着，老师提出了让他们凭借自己的智慧，理智友好地解决类似问题的要求。最终，两名同学握手言和。打架反而受表扬，从表面上看似乎不公正，但对于这两名"后进生"来说，这也许是真正的教育公正。

第一节 教师良心

一、教师良心概述

良心是人类特有的一种道德心理现象，是和义务、责任密切联系的道德范畴。良心以公正与仁慈为基本准则，又对公正与仁慈有着支持作用。

（一）教师良心的含义

教师良心是教师个人在教育实践中，对社会向教师提出的一系列道德要求的自觉意识，是教师个人对学生、教师集体和社会自觉履行其职责的道德责任感，以及对自己教育行为进行道德控制和道德评价的能力，是多种教师职业道德心理因素在教师个人意识中的有机统一。

教师良心既是教师职业道德的灵魂，又是教师道德自律的最高实现形式。它不仅是教育工作者应有的道德素养，而且是整个教育事业持续良性发展的潜在动力和内在机制。一名教师一旦缺失了教师良心，就会失去教育至善的道德信念和道德追求。

（二）教师良心的特征

教师良心主要有以下几个特征：

1. 公正性

教师良心是教师职业道德的内化形式，它的形成标志着教师已经把社会的道德要求转化为自我道德意识，并建构起一种理性精神。教师良心能时时刻刻影响教师的言行，能防止教师言行出现不良倾向。教师良心的公正性主要体现在以下几个方面：引导教师正确认识教育事业；让教师在教学工作中坚持真理，秉公办事；让教师对所有学生一视同仁，赏罚分明等。

2. 内在性

教师良心是隐藏在教师内心深处的一种真挚情感，是一种高度自觉的精神力量，虽然目不能及，却在教育活动中发挥着导向性作用。

3. 稳定性

教师良心以道德信念为基础，一旦形成，就会成为一种稳定的品质，能够比较深入、持久地对人们的行为发挥积极作用。

4．综合性

教师良心的形成受其知识结构、生活经历、情感体验等多方面因素的影响。它包含着理性因素，是人的理性认识的一种积淀；也包含着非理性的因素，如直觉、本能、情感等。因而，它是综合因素的结合体。

5．广泛性

教师良心一旦形成，其作用范围是非常广泛的，可以作用于教育活动的一切领域之中，影响教师的言谈举止、衣着形象、工作作风等方方面面。

6．自觉性

教师良心较一般良心具有更高程度的主体自觉性。主体自觉性体现在教师思想上的自我警觉、行为上的自我监控、道德上的自育自省等各个方面。

二、教师良心的作用

（一）对教师的职业道德行为起规范指导作用

教师良心是教师选择道德行为的内在依据，对教师的外在行为起着约束作用。

在教师选择教育行为之前，教师良心是主体行为的"决策者"，对教师行为起到某种鼓励或抑制作用。它对基于教师良心的思想和行为给予鼓励和肯定，对违背教师良心的念头和行为则予以禁止和否定。这使得教师在进行行为抉择时，会倾向于一种善良的教育动机。

在实施教育行为的进程中，教师良心是主体行为的"监察员"，对教师行为起到监控作用。它随时督促教师按照教师良心的旨意行事，一旦发现教师的行为有偏离良心要求轨道的迹象，就会立即提醒教师，并迫使教师修正行为，使其按照教师良心设定的路线行进。

在教育行为结束后，教师良心又是教师内心法庭的"审判官"，对教师的行为进行道德鉴定。它对合乎教师良心的行为给予安慰或褒扬，使教师产生一种道德崇高感；它对背离良心的失范行为进行谴责或贬斥，从而使教师对自己的过失进行真诚的忏悔。

（二）对教师行为起评价作用

在教育行为之后，教师良心能够对教师行为的后果和影响作出评价。当教师看到自己的教育行为符合教师道德要求，产生了良好的教育效果，有益于学生的全面发展，有益于教育事业的利益，就会在道德心理上得到一种满足和快慰，从而进行自我道德的肯定和强化。当教师看到自己的教育行为违背了教师道德要求，损害了学生和教育事业的利益，就会在自我道德心理上产生内疚、惭愧和悔恨，进行内心的谴责，促使自己纠正错误。教师良心充分发挥作用，主要还是在教育行为之后。因为，只有在一系列的教育行为之后，才能从实际的教育效果及影响中，得到全面的、深刻的认识，从而做出良心上的评价。

【案例】

感动中国十大人物：最美支教老师

2015 年，在贵州支教长达 9 年多时间的朱敏才、孙丽娜夫妇被当选"感动中国人物"。

朱敏才，男，1942 年生人，退休外交官。孙丽娜，女，退休高级教师。朱敏才曾是一名外交官，妻子孙丽娜曾是一名高级教师，退休后两人没有选择安逸的日子，而是奔赴贵州偏远山区支教。9 年来，他们的足迹遍布贵州的望谟县、兴义市尖山苗寨、贵阳市孟关等地，2010 年两夫妇扎根遵义县龙坪镇，继续他们的支教生涯。

但不幸的是，2014 年 10 月 25 日，多年辛苦，积劳成疾，朱敏才突发脑出血，累倒在支教的岗位上。虽然朱敏才病卧在床，言语不清，但是只要有人问他："你想干什么？"他还是会艰难地回答："给孩子们上课！"

与此同时，一直在为学校奔波的孙丽娜老师仍未停歇，一边照顾朱敏才老师，一边在为新建的学校食堂及新教学楼操心着。在众多爱心企业及贵州省、市领导的帮助下，新的学校建好了，食堂也有了着落。2015 年初，朱敏才、孙丽娜夫妇当选"感动中国人物"，捧着奖杯的孙丽娜老师说，他们要感谢的人很多，感谢贵州的老百姓，是他们圆了我们的支教梦。孙丽娜老师还说，要是没有贵州孩子听他们的课，他们的余热也不会得到大家的认可；同时，他们还要感谢贵州的乡亲父老们，将孩子托付给他们。特别是朱老师生病的这段日子里，要不是贵州人民给予他们的帮助与肯定，他们很难熬过这最艰难的日子。

据了解，朱敏才、孙丽娜夫妇是继徐本禹、李春燕、阿里木之后贵州第四个获奖者。

三、教师良心的形成

（一）对教育责任的透彻理解是前提

教师不仅要帮助学生增长知识，开启智慧，还要对学生心灵的健康成长负责。然而在教育实践中，很多教师只顾教授学生知识和提高学生的学业成绩，忽略了学生心理、道德等方面的教育；还有些教师为了提高班级的及格率和优秀率，给学生布置过重的课外作业，甚至为了提高升学率，不让学习成绩差的学生参加升学考试。这些做法违背了教师良心，对学生的身心造成了重大伤害。

这些违背教师良心的反教育现象的出现，揭示出某些教师对自身所承担的教育责任的无知和遗忘。因此，对于教师来讲，透彻地理解和深刻牢记自己所肩负的教育责任是形成教师良心的基本前提，也是圆满完成教育任务和提升师德修养的必要条件。

（二）对教育活动的深刻体验是基础

不断丰富教育活动的深刻体验是形成教师良心的基础。体验是个体对生活情景或对象产生的内在感受和体悟。教师对教育活动的体验主要包括作为受教育者的教育活动体验和作为教育者的教育活动体验两个部分。在教师自己的学生时代，教师以学生的角色从教育活动中获得了丰富而深刻的感受和体验，尤其会对不同教师对待学生的态度和方式产生深刻的印象。这些感受和体验可能会影响教师的一生。因此，教师在教育教学的过程中，要能够设身处地地站在学生的立场上，考虑自己的举动可能对学生产生的影响，从而避免不良后果的出现。

另外，由于现代社会生活中不确定性因素的逐渐增多，学生的生活往往处于不断变化之中，这就需要教师增强敏感性，用心体察学生的各种细微变化，进而以有利于学生健康成长和发展的方式做出反应，从而使自己获得更多积极的情感体验，为教师良心的形成打下良好基础。

（三）在教育活动中践行善良意志是关键

良心是一种内在的善良意志。只有个体将其付诸实践，其才具有现实意义。对于教师来讲，在教育活动中践行善良意志是教育良心形成的关键。也就是说，把善良意志转化为道德行动是教师良心形成的关键。

在影响教师把内在善良意志转化为外在道德行动的因素中，除了教师自身外，还包括外界的诱惑、舆论等。如果教师遇到诱惑或舆论评判时能够坚定自己的信念，始终按照自身内在的善良意志来行事，那么教师即使受到外界的批评和责备，也会获得良心上的安宁和慰藉。所以，教师只有始终以学生健康成长和发展为宗旨，在教育活动中不断践行善良意志，才能真正促进教育良心的形成和师德修养的提升。

【案例】

趣说"没良心"

很久以前，有一个姓王的木匠手艺高明，远近闻名，但他六十多岁了还没有家小，因而缺乏继承人。邻村一个叫张金的后生想把王木匠的手艺学到手，就登门拜师，并表示愿意侍奉王木匠一辈子，做他的儿子，为他养老送终。王木匠被张金的诚恳感动了，便立刻答应了。由于张金很听话，也很孝顺，加上心灵手巧，又很勤快，王木匠感到很高兴。人们都说王木匠有眼力，收了个这么好的徒弟。

一年过去了，张金能独立干活挣钱了，他见王木匠没有更多的手艺可以教给自己，就借口回家探亲，一去不复返了。王木匠又伤心又气愤，心想：幸亏留了一手绝活没有传给这个忘恩负义的人。于是，王木匠就用这绝活做了一个木头人，让木头人帮自己拉锯、刨木、做家务。这事很快就传开了，无人不夸王木匠的鬼斧神工。张金得知后，急忙买了许多礼物来拜见师傅。他一进门，木头人就给他端茶倒水。张金跪在师傅面前认罪，乞求师傅原谅。王木匠二话不说，就命他照木头人的模样自己动手做一个。

张金暗喜，把木头人的大小尺寸、前后左右、上下四角量了又量，不放过丝毫细节。木头人做好了，同王木匠做得一模一样，但就是不会动弹。王木匠这时开口说话了："你量的大小尺寸虽然丝毫不差，各部分的榫头也严丝合缝，但就是没量心，没量心，木头人怎么会动弹?!"他语义双关，既是检讨自己当初没有看出张金心术不正，也是责骂张金不安好心。

于是，"没量心"便一传十，十传百，越传越远，后人便把"没量心"谐音为"没良心"，专门用来责骂忘恩负义的人。

据此，人们又引申出"有良心"一词，同"没良心"对应，一褒一贬，形成鲜明对比。

第二节 教师公正

公正一直是人类社会普遍适用的道德法则，是人们孜孜以求的价值目标。在教育教学的过程中，教师公正既表现为公正地对待自己，也表现为公正地对待学生、同事、学生家长和学校领导。

一、教师公正概述

（一）教师公正的含义

教师公正是指教师在教育职业活动中，公平合理地对待和评价全体合作者。所谓公平合理地对待和评价全体合作者，即按照社会主义的道德原则指导下的伦理定位来对待、评价和处理教师同所有面对的群体或个人之间的关系。从外部来看，主要是教师同社会各界的关系；从内部来看，主要是教师个人同领导、同事和学生的关系，其中，公平合理地评价和对待每个学生，是教师公正的最基本内容。

（二）教师公正的特点

教师公正除了具有一般公正的普遍性特征外，还因其主体和内容的特殊性而具有以下特点。

1. 教师公正的教育性

教师公正具有鲜明的教育性，主要体现在以下两个方面：一是公正行为具有教育示范性；二是公正所调整的人际关系主要是师生关系或以师生关系为基础，且公正主要体现在教育活动中。因此，教师在教育教学活动中做到公正处事，公正地处理人际关系，特别是师生关系，往往能够对学生起到示范和教育的作用。

2. 教师公正的实质性

教师公正的实质性是指教师公正着眼于实质意义上的公正，而不完全拘泥于形式上的公正。这是教师公正相较于其他公正观念的特殊性所在。例如，对于同一种错误，有时教师对优等生的批评甚至比对后进生的批评还要严厉。这是因为，在一定的条件下，后进生需要鼓励，而优等生则更需要使之猛醒的棒喝。这种形式上的不公正实质上却是公正的。

3. 教师公正的自觉性

教师公正意味着教师不仅要具备公正的意识，而且要具有自觉遵守公正规则的能力和品质。教师实施公正的行为，不是出于功利的考量，也不是出于社会的要求，更不是出于对不良后果的担心与恐惧，而是出于责任和良心的自觉意识，出于对公正意识和规则的高度认同。

二、教师公正的内容

（一）爱无差等，一视同仁

所谓"爱无差等，一视同仁"，是指教师不能以自己的私利和好恶作为标准来处理师生关系，而应当给学生提供平等的学习和发展机会。具体而言，教师不能以成绩的好坏定优劣，以智力的高低定亲疏，更不能以家庭的出身分高下。此外，教师还应注意公正地对待男生与女生，警惕重男轻女的封建思想出现在教育活动中。

（二）实事求是，赏罚分明

实事求是、赏罚分明是教师在处理各种教育矛盾的过程中坚持教育公正原则的具体表现。首先，教师在处理一些与学生利益息息相关的事务时，应秉持公正，抑制偏私，办事公道。否则，不仅会直接损害学生的切身利益，而且还会玷污教师的职业形象。其次，教师在教育活动中应恰当地使用奖赏和处罚手段，即教师所采取褒贬和奖惩的手段应与学生取得的成绩或所犯的过错相匹配，否则评价结果将有失公平。

（三）长善救失，因材施教

教师在关爱、帮助、评价和奖惩学生时应该一视同仁。这种一视同仁并不是一种机械刻板的形式公正，而是"人尽其才，才尽其用"的实质公正。在教育教学过程中实现实质公正的关键在于因材施教，即根据每个学生的天赋、能力来进行教育，使其达到自己的最佳状态。教师、家长及社会在面对正常发育的孩子时，一方面应坚信天生其材必有用，另一方面要坚持发现长处，扬长避短，助其成才。

（四）面向全体，点面结合

所谓"面向全体，点面结合"，是指教师应在集体教育和个别教育中做到教育公正。教师可以为某些优等生创造进一步提高的条件，适度地"开小灶"；也可以为某些后进的学生提供个别关照。但那些超越限度、置大多数学生于不顾的"抓重点"的做法是有违教育公正的。因此，教师应以全体学生的发展为基础，因材施教，点面结合。

【案例】

教师公正的巧妙实施

一位教师在监考时发现一名学生抄袭了一道题目的答案，该题分值为 1 分。事后在打分时，该教师在这个学生的试卷上写下了"100－1"。这位学生看到试卷后非常惭愧，立即找到老师承认错误，要求老师把得分改为99。老师听后，在他的试卷上批了一个"99＋1"，并对他说："知错能改就好，这 1 分是对你能认识和改正错误的奖励。"

三、教师公正的意义

（一）有利于创造和谐的教育环境，保证教育任务的顺利完成

教师公正合理地评价和对待领导、同事和学生，公正合理地处理同领导、同事和学生的关系，就会形成团结向上、勤奋进取的团体气氛，营造良好的育人环境。在这种条件下，大家心情舒畅、齐心协力、教学相长，教书育人的工作可以顺利进行，教育任务便可顺利完成。

（二）有利于提高教师的威信

有崇高威信的教师在学生中有很强的凝聚力和号召力，而教师公正是其威信的重要来源与依据。教师是教育活动的设计者和管理者，教师行为的公正与否会影响教师在学生心目中形象的好坏。如果教师的行为是不公正的，那么教师除了会受到同行、领导和社会舆论的谴责或按照制度的规定受到惩罚之外，其威信也会被削弱。

（三）有利于提升学生学习的积极性

教师公正对学生的学习积极性的发挥十分重要。例如，教师对优等生的偏爱和对后进生的忽视或不公正对待，就不利于两者学习积极性的发挥。对优等生的偏爱容易助长其骄傲的情绪和浮躁的作风，令其丧失不断进步的动力；对后进生的忽视或不公正对待会伤害其自尊，打击其学习的积极性。

对于学生集体来说，教师不公正的行为会使学生集体分裂。其结果就是集体生活和集体建设的动力减退，集体对学生个体在德育和智育等方面的教育效果减弱。因此，教师应当恪守公正的规则，公平合理地对待每个学生，使每个学生都能发挥更强的学习积极性，充分挖掘自己的学习潜力，从而得到良好的成绩与评价。

（四）有利于学生的道德成长

在学生的心目中，每个教师都是社会上公正、无私、善良、正直等美好品行的化身，这种纯洁无瑕的期望是宝贵的。学生如果在与教师的直接交往中，深深体验到公正的合理性，会成为他们道德成长的心理基础。教师对待学生公正、平等，正直无私，

能给学生道德心灵以极其有益的影响，进而使他们感到社会的公正、平等，产生积极向上、乐观的情绪，激励他们追求真善美，培养出优秀的品质。反之，如果学生原本尊敬的教师，对待学生不公正、有偏私，就会在他们的道德心灵上留下阴影，挫伤他们的情感，甚至会由此开始，怀疑公正、正义这些美好的东西是否真实存在，由此可能会发展为对社会的不信任和反感，影响他们对善行和美德的追求。

四、教师不公正现象的成因

（一）教育资源紧张与教师职业道德缺失

我国现阶段的教育资源较为紧张，表现为优质学校有限、优质班额有限、班额扩充后教师的注意力有限等。一方面，教育资源供不应求；而另一方面，教育需求还在不断扩大。在这种情况下，少数注重功利的教师就会利用手中的权力因"财"施教，以给予"特殊学生"以特殊关照的方式，使部分学生获得不正当的精神利益和不正当的资格利益。例如，教师为学生提供有偿家教，收受学生贿赂并在评比活动中为学生"开绿灯"等。

从表面上看，师生之间的这种利益交换是双向互惠的，实际上这种利益交换掩盖了绝大多数学生利益被侵害的事实。因为教师对待学生群体的权力偏移必将导致在部分学生受益的同时，更多学生丧失被平等对待的权利，甚至被剥夺宪法、教育法规所赋予的受教育权。

（二）师生缺乏必要的理解与沟通

教育是以爱为基础的互动过程，教师的教育行为要被学生真正理解才能发挥其功效，体现其价值。与此同时，教师与学生是两个存在较大差异的群体。例如，在智力发展上，教师是较发达者，学生是较不发达者；在社会经验上，教师是较丰富者，学生是欠丰富者；在思维方式上，教师倾向于理性思维，学生则更多倾向于感性思维；在生活观念和行为上，教师拥有着成人的价值观念、思想情感和行为标准，而学生则有着未成年人的生活理念和行为方式。因此，当师生之间缺乏理解和沟通时，这些客观存在的差异可能导致师生之间不能相互认同，甚至产生隔阂和误解。这往往会使学生产生强烈的不公正感。

（三）教师存在认知偏差

认知偏差是指人们在知觉自身、他人或外部环境时，根据一定的现象或虚假信息做出判断，从而导致知觉结果失真、判断不准确、解释不合理等这类现象的统称。认知偏差会妨碍教师正确地认识和评价学生，从而导致不公现象产生。较为突出的认知偏差有以下几种。

1. 期待效应

对优秀的学生，教师往往会给予正向期待，一般不做消极分析；而对那些"差学生"则给予反向期待，一般不做积极分析。教师的这种认知偏差会产生"归因偏见"：将高期望学生的成功归因于内在的稳定因素，而将其失败归因于外在的不稳定因素。相反，低期望学生的成功会被归因于外在的不稳定因素，这会导致成功不能激起他们的自我效能感，无法产生激励作用；而他们的失败又会被归因于内在的稳定因素，这会进一步挫伤其自尊心。

2. 首因效应

首因效应是指在人际交往中，首先呈现的信息对个体今后的认知有着重大的影响，即有"先入为主"的效果。"首因"即通常所说的第一印象。第一印象是深刻的，但有时候是不准确的或者与现实不相符的，因而容易使人产生认知偏差。例如，如果一名学生给教师留下了良好的第一印象，那么教师可能会在今后的教学中对这名学生倍加关心和注意，并给予特别的帮助。

3. 近因效应

与首因效应相对，近因效应是指最新呈现的信息促使印象形成的心理效果。例如，人们获取了关于某人的第一条信息，间隔较长时间后又获取了第二条信息，这第二条信息便是最新的。最新的信息往往给人留下了较为深刻的印象，这就是近因效应在发挥作用。通常情况下，在认知者与陌生人交往时，首因效应会发挥较大的作用；而与熟人交往时，近因效应会发挥较大的作用。

4. 晕轮效应

晕轮效应是指人们将所知觉的某个特征泛化至其他未知觉的特征，进而形成以点概面或以偏概全主观印象的心理效应。"一好百好""一俊遮百丑""爱屋及乌"等都是晕轮效应的结果。如果教师不消除晕轮效应带来的认知偏见，他们就会认为那些有明显优点的学生不存在其他方面的不足；而认为那些有明显缺点的学生一无是处，从而挫伤学生的自尊心，甚至使其失去前进的动力。

5. 投射效应

投射效应是指将自己的特点归因到其他人身上的倾向，即个体在认知他人时，把自己的感情、意志、特性投射到他人身上并强加于人，认为他人也具备与自己相似的特性。例如，一个经常算计别人的人，会认为别人也时常算计他。投射效应使教师倾向于按照自己的性格来评价学生，而不是按照学生的真实情况进行评价。当学生与教师十分相似时，教师的评价会较为准确，否则可能会出现严重的偏差。这会直接导致教师在教育教学中的不公正。

五、教师公正的践行

(一) 自觉加强人生修养

教师公正是一个看起来很容易实现的道德范畴，但实际上，教师如果没有对教育意义的深刻领悟，没有对教育的奉献情怀，不具有较高的人生境界，就很难完全实现教师公正。自觉加强道德修养是达成教师公正的基础，而提高自我修养的前提是形成一种正确的价值观。因此，教师要想实现教师公正，首先要培养神圣的教育使命感和责任感，将热爱教育、教书育人、以身作则、热爱学生、严谨治学、关心集体等师德规范转化为稳定的内心信念和道德品质。如果教师没有这种价值自觉，就不可能做到教师公正。

教师公正素养的养成，还要求教师有主见、坚定的信念和坚持真理的勇气。一个软弱或没有主见的教师很难做到教育公正。一个明哲保身、不能坚持真理的教师也难做到真正的教育公正。教师自觉加强人生修养的重要核心是在教育活动中培养正义感。这种正义感是教师攻坚克难、抵御欲望的侵袭、战胜不公正行为的动力源泉。

（二）努力提高教育素养

教师公正是教师教育素养的要求。与此同时，教师教育素养的提高也有利于教师公正的顺利实现。因此，教师应努力提高自己的教育素养，使自己既有足够的精神力量去关心每一名学生，也有较高水平的教学技能帮助每一名学生成长，进而有效地践行和实现教育公正。

此外，教师公正的实现还要求教师具备一些教育管理技能，既要做榜样示范的人师，又要做知识传授的能师，还要做协调管理的大师，从而更好地形成公正教育所需要的合力，营造教师公正得以顺利实现的良好氛围。

（三）正确对待惩戒中的公正

教师公正的一个重要方面就是在惩戒中实现公正。随着现代社会以人为本价值理念的不断强化，教师的惩戒权受到越来越严格的限制。但在教育教学实践中，教师仍然需要一定的惩戒手段。在使用惩戒手段的过程中，教师不仅要严格控制惩戒的方式，而且要努力做到公正惩戒，切忌滥用惩戒手段，并杜绝惩戒时机、方法、范围、力度不当的现象出现。其实，学生犯错大多不是有意识的，所以，教师在对同一种错误言行实施惩戒时，对无心之过应宽容以待，对有心之失应加大惩戒力度。这样做，才能有效地实现惩戒过程中的教师公正

（四）公正与慈爱、宽容相结合

公正作为一个社会性和历史性的范畴，并不能解决教育中的全部问题，还必须与其他品德结合起来。缺乏慈爱与宽容的公正只是一种形式上的公正，可能导致比不公正惩戒所致伤害还要大得多的伤害。对于犯错的学生，若一味地按照规则予以处罚或批评，而没有予以关爱、宽容或进行劝慰，则教育效果肯定会大打折扣。例如，学生的学习和生活中始终存在竞争，若教师只以成败的规则对待竞争者，既不给成功者以激励，也不给予在竞争中落败的学生以安抚，那么势必导致教师缺乏公正，教育效果不理想。总之，慈爱与宽容是促使公正发挥最大效能的力量，能够确保教师公正的有效实现。

第三节　教师义务

在一定的社会关系中，每个人都必然对社会、他人负有一定的使命和职责。在教育教学活动中，教师不仅承担着普通公民应尽的义务，还承担着教育者应尽的义务。

一、教师义务概述

（一）教师义务的含义

教师义务具有两个方面的含义，一是指社会向教师提出的在从事职业活动时所必须遵守的道德要求的总和；二是指教师在教育职业劳动中自觉意识到社会对教师提出的各种道德要求的合理性，把遵循教师职业道德的规范和要求，看作个人的内在道德需要，看作对社会、对教育事业应尽的使命和责任。

（二）教师义务的内容

根据《中华人民共和国教师法》（以下简称《教师法》）第八条的规定，教师应当履行下列六项义务。

第一，教师应遵守宪法、法律和职业道德，为人师表。

宪法和法律是国家、社会组织和公民活动的基本行为准则，任何组织和公民都必须遵守。教师不仅自己要遵守宪法和法律，还要在教育教学工作中自觉培养学生的法制观念和民主意识。同时，教师还应当自觉遵守职业道德，做到敬业爱岗、热爱学生、诲人不倦、博学多才、团结奋进。教师在传授科学文化知识过程中传达的思想和表现的言行，对学生的思想品德、个性形成有着重要影响，所以教师要注重言传身教，做到为人师表。

第二，教师要贯彻国家的教育方针，遵守规章制度，执行学校的教学计划，履行教师聘约，完成教育教学工作任务。

教师在教育教学活动中，应当全面贯彻国家关于"教育必须为社会主义现代化建设服务、为人民服务，必须与生产劳动和社会实践相结合，培养德、智、体、美等方面全面发展的社会主义建设者和接班人"的方针；自觉遵守教育行政部门、学校及其他教育机构制定的教育教学管理的各项规章制度；认真执行学校依据国家规定的教学大纲、教学计划或教学基本要求制订的具体教学计划；严格履行教师聘任合同中约定的教育教学职责，完成规定的教育教学任务，保证教育教学质量。

第三，教师应对学生进行宪法所确定的基本原则的教育和爱国主义、民族团结的教育，法制教育及思想品德、文化、科学技术教育，组织、带领学生开展有益的社会活动。

教师应结合自身教育教学工作的特点，将政治思想品德教育贯穿于教育教学过程之中。具体而言，教师应当有意识地对学生进行爱国主义教育、民族团结教育、法制教育和文化科学技术教育，弘扬中华民族的优良传统，引导学生逐步树立科学的人生观和世界观，教育学生爱祖国、爱人民、爱劳动、爱科学、爱社会主义，把学生培养成为有理想、有道德、有文化、有纪律的社会主义新人。

第四，教师应关心、爱护全体学生，尊重学生的人格，促进学生在品德、智力、体质等方面全面发展。

教师要关心、爱护全体学生，对学生应一视同仁，不因民族、性别、学习成绩等因素歧视学生。对于那些暂时落后的学生，教师应给予特别关注，热心地教育指导，决不能采取简单粗暴的办法体罚或变相体罚学生，更不能泄露学生的隐私。教师因污辱学生造成恶劣影响或在体罚学生后经教育不改的，应依法承担相应的法律责任。

第五，教师应制止有害于学生的行为或者其他侵犯学生合法权益的行为，批评和抵制有害于学生健康成长的现象。

第六，教师应不断提高思想政治觉悟和教育教学业务水平。

教师担负着提高民族素质的使命，且其所负责的教育教学工作是一项专业性较强的工作，所以教师必须具有较高的思想觉悟和业务水平。为此，教师应加强学习，完善知识结构，不断提高思想政治觉悟和教育教学水平，以适应教育教学的实际需要。这也是社会进步和科学技术的发展对教师提出的要求。

【案例】

"杨不管"教师

陈小飞和杨涛是同桌，他们的座位在教室第三排，距离讲台不到两米。某天上午第四节课时，两人因为一点小事发生了口角，随后当着正在上课的杨经贵老师的面大打出手，而且越打越凶。

看到学生打架，杨老师没发话。坐在旁边的四五个男同学过去拉架，将杨涛和陈小飞分开。杨涛回到座位上之后不久，突然头部向后仰，倒在了后排同学的课桌上，同时全身颤抖，口吐白沫，脸色发白。三个男同学见状，立即将杨涛抬起来，送到了学校附近的医院。

杨涛被送到医院时，已经没有了生命体征。医生在对杨涛进行抢救后发现没有任何效果，于是立即安排转院。之后，年仅14岁的杨涛经医院抢救无效，离开了人世。

据当时在场的学生说，杨涛和陈小飞打架时，正在讲课的杨经贵老师并没有当即制止，而是在继续上课，其间只说了一句"你们有劲的话，下课后到操场上打"。杨涛口吐白沫时，杨老师没有中断上课。当杨涛被抬出去后，杨老师仍然在上课，直到下课铃声响起。

事后，有关方面对事件进行了处理。杨经贵老师被调离教学岗位，并承担10万元的赔偿费用，同时还被处以行政记大过处分，校长也被免职并处以行政记大过处分。这起事件被媒体曝光后引起了社会公众的极大关注，当事老师杨经贵也因此被网友称为"杨不管"。

二、教师义务的作用

（一）有利于增强教师的教育信念

教师既然选择了从事这一职业，就必须承担起社会赋予这个神圣职业的责任和义务。

在我国，教师的基本职责就是全面贯彻执行党的教育方针，为我国社会主义现代化建设和构建和谐社会培养大批合格的人才。为了圆满地完成教书育人的任务，教师在履行基本职责的过程中，以极端负责的态度不断地调整自己的言行，从而能够在岗位工作中坚定教育信念。

（二）有利于协调各种人际关系

师生之间、教师之间、教师与学校领导之间、教师与学生家长之间或多或少地存在着各种矛盾。这些矛盾若没有得到妥善的解决，不仅会影响教育工作任务的完成，还会使教师本人处于紧张的人际关系和压力之中。教师认真履行自身的义务，推进教育工作的顺利开展，能够有效地减少教育工作中的各种人际摩擦，从而有效地维系学校的各种人际关系。另外，教师在教育过程中还会遇到义务冲突的情况，如家庭义务与教师义务之间的冲突。此时，教师对职业使命和义务的深刻理解，可以帮助其做出正确的选择，从而有效地协调教师与学生家长之间的人际关系。

（三）有利于培养教师高尚的道德品质

教师义务和教育工作本身密切联系在一起。一方面，教师义务是作为培养学生、造福社会而劳动的条件存在的。社会对教师提出了特定的要求，任何一个以教师为职业的人，不管他有什么特殊的天赋、能力和特点，都必须完成自己的义务，使自己的行为符合教育职业劳动的各种基本道德要求。另一方面，教师在职业劳动中不断地体验和认识履行这些使命、责任、义务的必要性，经过反复实践、反复认识，能转化为教师本身的"内在需求"，能使教师自己的职业道德觉悟逐步得到升华，形成高尚的道德品格。

（四）有利于培养学生的义务意识

教师是学生天然的榜样，其一言一行都对学生起着示范作用。教师严格履行自身的义务，能够对学生产生更多的积极影响，给学生以正面的引导，让学生确立道德信念，培养义务意识，并增强自觉履行道德义务的责任感。

三、教师义务感的培养

义务感是指个体对自身、社会、集体和他人所应承担责任的认识和体验。教师义务的履行应从培养教师的义务感开始，以使教师将义务认知内化为自我的责任意识。具体而言，教师要培养良好的义务感，应当做好以下两个方面的工作。

一方面，教师应努力提高义务认知水平。因为没有正确的认识，就很难有正确的行为。提高义务认知水平，尤其是结合了情感体验的义务认知水平，能对教师义务感的增强和教师义务的践行发挥积极的作用。

另一方面，教师要努力增强自己对教育事业的责任意识。教师要想提高自己对教师义务的认知水平，一个重要的条件就是自己要对教育事业有较强的责任意识。也就是说，教师只有对教育事业有较强的责任意识，才会很自然地在工作中履行教师义务。相反，若教师对教育事业本身毫无热情，就不可能有较高的教师义务认识水平，更不可能有效地培养和增强义务感。

四、保持进取心态，提升自我

教育教学工作既是科学又是艺术。因此，一方面，教师应不断学习新的教育理念，刻苦钻研专业技能，积极参与各种教育教学研究活动，不断提高教育教学技能的运用水平，不断强化教师职业幸福感。另一方面，教师应不断提高教育教学技能的运用水平，使教育教学过程充满灵动的气息和丰富的智力挑战，让学生对学习充满兴趣，对挑战充满向往，从而提升教育教学工作的效果，获得丰富的成就感。成就感的形成能强化教师的职业幸福感，使教师更加热爱本职工作。

第四节　教师幸福

幸福是个体在心理预期与客观现实大致匹配时的心理状态，是个体在需要得到满足、潜能得到发挥、力量得到增长、和谐发展得以实现时的持续快乐体验。

一、教师幸福的概述

（一）教师幸福的含义

教师幸福也称教育幸福，是教师在教育工作中自由实现自己的职业理想的一种生存状态。教师职业道德修养是与教师幸福密切相关的。教师幸福是教师职业道德的出发点和归宿。

（二）教师幸福的特征

教师幸福主要有以下几个特点。

1. 教师幸福的精神性

教师幸福的精神性首先表现为教师对劳动及其报酬的深刻认知和淡泊态度。也就是说，在物质待遇既定的情况下，教师生活应有恬淡、超脱、潇洒的一面。教师的报酬不止于物质，学生的道德成长、学业进步，以及其对社会做出的贡献，都是教师报酬的体现。此外，教师与学生在课业授受和人生道德上的精神交流、情感融通是其他职业难以得到的。教师只有充分认识到这一精神性质，才能发现教师职业所特有的价值。

2. 教师幸福的关系性

教师幸福的关系性表现在两个方面。一方面，教师的使命是给予而非索取。作为人梯，所有的教师都希望自己的学生有卓越的表现。另一方面，教育劳动成果的实现必须建立在交流的基础之上，教师必须通过学生的成长来肯定自身。教师只有全身心地将自己对教育的热爱给予学生，才能进行有效的工作。教师只有进行了富于热情和智慧的给予，才能从教育对象身上看到自己的劳动成果，进而体会到幸福。也就是说，教师的幸福是被给予的，被给予的幸福包括直接来自学生的积极反馈，以及来自学生对于教师的爱与付出的回馈。

3. 教师幸福的集体性

一般来说，教育工作中至少存在四种合作关系，即教师个体与学生个体之间的关系、教师个体与教师集体之间的关系、教师个体与学生集体之间的关系、教师集体与学生集体之间的关系。任何一名学生的成长都是教师集体劳动的结果，任何一位教师的成果也都是学生集体劳动的结果。因此，教师的幸福是集体幸福与个人幸福相统一的幸福，具有集体性。

4. 教师幸福的无限性

教师幸福的无限性表现在时间和空间两个维度上。从时间上看，教师对学生在人格和学业上的影响是具有终生性的。因此，教师所收获的幸福是超越时间限制的。从空间上看，教师的劳动产品与社会紧密相连，一代一代的劳动者都是经过教师的教育而走向社会，进而对社会的进步做出伟大贡献的。也就是说，教师劳动的影响不会局限在校园之内。因此，教师的幸福具有空间上的无限性。

【案例】

刘可钦：追寻教师职业的幸福

二十多年教师生涯的历练，使得刘可钦在平和而从容的自我超越中，在真诚而宽厚的爱中，微笑着默默行走，矢志不移地追寻着做教师的幸福。

刘可钦说，不同教师的工作环境和工作能力肯定是有差异的，但是心情应该没有差异。如果教师的脸上没有洋溢着幸福感，那么这所学校肯定没有朝气；如果一位教师对自己的学校没有一种自豪感，那么这所学校也没有多大的发展前景。教师要"笑着做教师，蹲着看学生，乐着做同事"。

笑着做教师

不会笑的教师，学生是不会喜欢的。教师发自内心的微笑，能够传递他内心拥有的教师这一职业所独具的人性感召力。这种感召力能透过教师智慧的语言，使学生感受到来自教师的关爱、重视、指导、暗示、欣赏和接纳。

蹲着看学生

平视学生的目光，意味着教师拥有宽容、信任、理解、等待的情怀，也意味着教师能包容与善待学生在成长过程中产生的问题。成长中的每一个问题都是学生发展的机会。

乐着做同事

教师们在一起工作是一种缘分。教师之间的和谐互助可以带给学生积极的影响；教师之间的交流和分享有助于改善教育行为，进而为学生创造更多的学习机会；教师之间的友爱和尊重有利于形成目标一致的教育合力。只有这样，教师才能感觉到自己身处一个充满活力的组织，进而每天都能带着幸福感来到学校，又带着满足感离开。

当教师和学生因能得到变化和成长而感到幸福时，教师这种群体的职业幸福感会像种子一样生长、传播。

二、教师幸福的意义

（一）能够促进教师的专业成长和成熟

带着幸福感做教师，正如揣着理想上路，不仅能够让教师在实践的过程中激发自我斗志与前进的动力，而且能使教育教学活动变得精彩。孔子说："知之者不如好之者，好之者不如乐之者。"如果教师不仅"知"教育，"好"教育，而且能"乐"教育，这种状态能让教师获得更多的幸福感。当然，教师幸福的获取并不容易，是需要教师主动寻找，甚至是学习的。学习怎样做一个幸福的人，是教育乃至人生的大问题，也是广大教师职业发展的大课题。教师主动寻找或学习幸福的过程，能够促进教师的专业成长和成熟。

（二）能够培养学生的幸福感和健全人格

教育的真正目的在于促使个体获得幸福体验，提升幸福意识，发展幸福能力。一名不具备良好素质的教师是不能有效地进行素质教育的，一名不具备创新精神的教师也不能真正地进行教育创新，同样，一名不能体悟到教育幸福的教师，是不能带给学生幸福感的。如果一名拥有幸福感的教师把教育当作理想来追求，并用人生的激情来驱动，那么其教育教学工作不仅能实现知识的施与，而且还能实现价值与爱的传递。这能够有效地培养学生的幸福感，也有利于学生健全人格的形成。

（三）能够向社会传递正能量

教师幸福的意义不仅在于教师自己获得幸福感，还在于教师可以通过自己的工作共享、传递和提升幸福感。这对社会文化的贡献并不亚于知识的传授、能力的培养和文明的创造。教师幸福对学生的人格与课业具有重要的影响。上至政治领袖，下至普通劳动者，都是经过教师的教育而走向社会，进而对社会的进步做出贡献的。

与此同时，一名教师即使退休了，或者中断了作为教师的职业生涯，也丝毫不妨碍学生对他的尊敬，不影响他本人对所从事过的事业及所取得过的劳动成果的美好回忆。总之，拥有幸福感的教师可以通过自己的劳动对社会施加积极影响，传递出幸福的正能量。

三、教师幸福的实现

（一）保持乐观心态，善待生活

"世界上并不缺少美，而是缺少善于发现美的眼睛。"教师只有保持积极乐观的心态，顺其自然，为所当为，才能感受到职业的幸福。教师不是苦行僧，要学会休闲与放松，善于通过读书、听音乐、运动、旅游等活动来减轻压力、消除疲劳，用心感受生活的乐趣。当然，在日常的工作和学习中，教师可能会在尊重、成就、交往、公平、生存等多个方面遭遇挫折，这是在所难免的。教师只有保持豁达的心态，才能正确应对挫折，不断提高感知幸福的能力。

（二）保持宽容心态，善待学生

对教师来说，爱是教育的灵魂，没有爱就没有教育，没有爱就不能为师。失去爱的教师往往只会盯着学生的缺点，而看不到学生在不断发展。"尺有所短，寸有所长"，教师要用全面的、发展的眼光看待学生，同时，应用宽容的心态面对学生在成长过程中所犯的错误。教师若对学生没有宽容之心，其对幸福的追求就只能南辕北辙。教师幸福感最重要的来源是学生的成功和他们对教师的回报，因许多外部因素而缺失的幸福感都可以从学生对教师的尊重、理解和感激中得到弥补。教师要想让学生感恩自己，就必须先学会感恩学生、呵护学生和尊重学生。

（三）保持知足心态，管理欲求

人的很多困惑来源于欲望太多。教师要耐得住寂寞，守得住清贫，并懂得知足，才能常乐。教师可以适当降低物质需求，调整心态，多看看自己已经拥有的，要为已经拥有的而高兴，少去想自己尚未拥有的，不要为失去而悲伤，更不要攀比。在知足的心态下，幸福是可以被感知的，也是可以积累的。幸福的积累与情绪有关，心情好的时候，人们会觉得什么都顺心，并能感知幸福；心情不好的时候，人们总觉得事事烦心，并难以感知幸福，此时若能摆正自己的心态，管理自我欲求，就能有效地感知幸福。总之，人的欲望是无止境的，但人又是有理性的，教师应懂得用理性的知足来节制欲望，以便更好地实现教师幸福。

（四）保持进取心态，提升自我

教育教学工作既是科学又是艺术。因此，一方面，教师应不断学习新的教育理念，刻苦钻研专业技能，积极参与各种教育教学研究活动，不断提高教育教学技能的科学运用水平，不断强化教师职业幸福感。另一方面，教师应不断提高教育教学技能的艺术运用水平，使教育教学过程充满灵动的气息和丰富的智力挑战，让学生对学习充满兴趣，对挑战充满向往，从而提升教育教学工作的效果，获得丰富的成就感。成就感的形成能强化教师的职业幸福感，从而使教师更加热爱本职工作，为学生的发展和祖国的未来而忘我地工作。

【思考练习】

1. 什么是教师职业道德范畴？

2. 在教育实践过程中为什么要强调教师良心？

3. 什么是教师公正？实施教师公正的意义是什么？

4. 什么是教师义务？教师义务在教师职业道德行为过程中的作用表现在哪些方面？

5. 什么是教师幸福？教师应该如何实现职业幸福？

第三章　教师职业道德规范

【名人名言】

国家是大家的，爱国是每个人的本分。

——陶行知

【学习目标】

1. 理解教师职业道德规范的含义和功能。
2. 掌握我国教师职业道德规范的内容。
3. 掌握爱国守法、爱岗敬业对教师工作的要求。
4. 能够将教师职业道德规范的要求落实到教育教学工作中。

【内容提要】

教师职业道德规范是指教师在职业活动中经常表现的、最重要的、具有一般指导意义的道德规范。其不仅是教师职业道德体系的基本构成要素，也是教师职业道德基本原则的具体化和教师职业道德行为的标准。《中小学教师职业道德规范》的基本内容为：爱国守法、爱岗敬业、关爱学生、教书育人、为人师表、终身学习。

【课程导入】

平凡岗位上的爱国情

为了响应国家政策的号召，也为了家乡的孩子能够接受更好的教育，师范毕业生徐通带着对教育事业的向往，怀着坚定的理想信念，回到自己的母校——甘肃省张掖市甘州区安阳乡中心学校。作为一名共产党员，他将爱国爱党的信念融入教育教学之中。徐通说："我是地道的安阳人，我要在安阳这片故土上和我曾经的老师并肩战斗。"

爱国在徐通老师这里从来不是一句空话，而是工作和生活的准则。安阳乡经济困难，许多孩子因家长外出务工而成为留守儿童。为了及时、准确地了解每一个孩子的情况，徐通老师趁家长每年冬天回家的时候，抽出时间到每名学生家中进行家访。对于家庭困难的学生，他还会找机会"奖励"给他们一些学习用品。徐通老师说："我是从这里走出去的，是国家培养出来的，我只能通过自己的工作来回报祖国和故土。"

教师岗位是平凡的，但在平凡的工作岗位中，徐通老师将他的爱国热情转化为对工作的热爱和对学生的关爱。他始终认为，一名教师热爱祖国的具体表现形式就是热爱工作，而热爱工作的核心就是爱自己的学生。

第一节　教师职业道德规范的内涵

一、教师职业道德规范的含义

道德规范，是指一定社会历史条件下，指导和评价人们行为善恶的准则。此准则既包括一定社会或阶级以格言、戒律等形式自觉概括，以表达行为善恶的标准和规则，也包括在长期生活实践过程中人们自发形成的"应当"或"不应当"的道德关系。

道德规范与道德活动，道德意识之间的关系密切。首先，道德规范是在一定道德活动和道德意识的基础上形成和概括的，集中体现着道德意识和道德活动的统一；其次，道德规范一旦形成，往往作为一种社会法则制约和指导人们的道德意识和道德活动。

所谓教师职业道德规范，是指教师在教育职业活动中必须遵循的行为准则。教师道德规范的产生和形成，有着深刻的社会根源，是由社会的物质生活条件、社会关系和职业的特点决定的，是教师在长期的教育教学实践中不断形成和发展的，也是由教师道德基本原则所派生并受基本原则所制约的。

二、教师职业道德规范的功能

不同层次的教师职业道德规范对教育人员的职业行为，具有不同的规范功能。教师职业道德理想体现教育专业至善至极的道德境界，给教师确定了基本的价值取向和不断追求的终极目标，激励着教师形成高尚的职业行为。教师职业道德原则是指导教师职业行为的基础，所表明的是教育界认同的应当能够达到的要求，在执行过程中允许根据具体情况变通处理，具有一定的灵活性。教师职业道德规则是对教师职业行为最低限度的道德要求，无论是肯定性规则还是否定性规则，在执行当中都不可违反。

总体来说，教师职业道德理想主要具有激励功能，教师职业道德原则主要具有指导功能，教师职业道德规则主要具有约束功能。三者在教师职业道德规范体系中所占的比重，直接影响到整个教师职业道德规范体系功能的发挥。只要三者比例适当。整个教师职业道德规范结构合理，就可以全面发挥其规范功能；反之，则会导致功能不足，或者功能失调。

【案例】

51 岁的民办教师杨增叶是陕西省横山县南塔镇高圪垯村小学唯一的一名教师。从 1996 年站上教师讲台开始，杨增叶默默坚守在这个黄土高原深处的乡村小学长达 20 余年。2005 年因撤点并校，原本 130 多人的学校面临关闭，在学生家长的请求下，为了不让一些因特殊条件无法去镇上上学的孩子们辍学，杨增叶在其他教师离校后，开始了长达 10 年的独自教学。高圪垯村地理位置偏僻，离最近的镇子也要 15 公里，原本 800 多人的村庄，现在只有约 200 人居住，学校里也只剩下 9 个学生。杨增叶每天除了给 4～14 岁不同年级的学生上课，还要照顾他们的生活，村里人都说她既当教师又当妈妈。作为民办教师，杨增叶全年的收入只有一万多元。因丈夫常年不在家，两个儿子又在外工作，家里的 20 多亩地全靠杨增叶一人打理。对于高圪垯小学的未来，杨增叶说："只要还有一个学生上学，只要自己的身体还允许，我就一定会坚持下去。"

第二节　教师职业道德规范的内容（上）

一、爱国守法

爱国守法是每个公民的神圣职责和义务，也是每位教师都应履行的道德责任。无论公民的社会地位和思想信仰有何不同，都不妨碍其成为爱国者。建设社会主义法治国家需要每一个社会成员（包括每一位教师）知法守法，用法律规范自己的行为。

（一）爱国

爱国是教师的政治使命和社会责任。教师应该把自己的教育使命与国家和民族的生存发展结合起来，将爱国主义教育渗透于教育教学实践中，为国家和民族培养出热爱祖国、热爱中华民族，具有社会责任感和使命感的中国公民。

爱国也是每个教师的神圣职责和义务。建设社会主义法治国家，是我国现代化建设的重要目标。要实现这一目标，需要每个社会成员知法守法，用法律来规范自己的行为，不做法律禁止的事情。

1. 强化教师自身的爱国情怀

（1）熟悉国情，关心国家前途命运

我国有着悠久的历史和灿烂的文化。教师应熟悉我国的历史、文化及优良传统，激发自身的爱国热情，培养民族自尊心、自豪感。与此同时，教师还要了解国内国际局势，关注国家当前的形势，了解和掌握社会各领域的变化，关心社会生活中的大事，明确自身担负的历史责任。

（2）捍卫国家尊严，维护国家独立统一

爱国主义包含捍卫民族独立、维护国家主权、增进国家利益等内容。教师要做热爱祖国的典范，不盲目崇洋媚外，不做有损国格的事，为学生树立爱国的榜样；要同一切分裂祖国的言行做斗争，在关乎国家利益的关键问题上表现出政治上与道德上的坚定性，捍卫国家的尊严和维护国家的统一。

（3）立足本职工作，为社会培养全方面发展的人才

教师的本职工作是与国家的发展紧密联系在一起的。教师要把爱国热情转化为坚守岗位的动力，在平凡的教师岗位上踏实勤恳地工作，切实履行好教书育人的职责，努力将青少年培养成为德、智、体、美、劳全面发展的社会主义事业建设者和接班人。

2. 对学生进行爱国主义教育

（1）尊重世界各民族的文化，培养其开放、包容的爱国情怀

当今世界，各个国家的经济、政治和文化相互交融，相互作用，相互依赖。一个国家要想发展，就必须以开放的心态融入国际社会之中，与其他民族实现共同繁荣与发展。因此，民族观念与世界观念相统一的爱国主义才是具有时代特征的爱国主义。教师对学生进行爱国主义教育时，要在尊重世界各民族文化传统的基础上，帮助学生树立全球意识，培养学生开放性和包容性的爱国情怀，反对狭隘的民族主义和爱国主义。

（2）引导学生奋发图强，为社会主义建设作贡献

培养学生的爱国情感，最重要的方式是激励学生奋发图强、刻苦学习，使学生深入了解自己的国家和人民，增强对祖国的认同感和热爱之情，进而将爱国情感转化为具体行动，主动学习为祖国和人民谋福利的本领，从而为全面建设社会主义现代化国家贡献力量。

【案例】

祖国再穷我也要为她奋斗

1931 年，苏步青获理学博士，在研究院里有点"名气"，日本不少名牌大学以高职、高薪聘请他，爱人和孩子也都在日本，何去何从？他想到，自己出国的目的是寻找一条救国救民的道路，现在祖国正处于水深火热之中，要以自己的学识和才智拯救苦难深重的祖国。于是，他毅然回国。

1937 年抗日战争爆发了，日本东北帝国大学发来特急电报，再次聘请他就任该校数学教授，各种待遇从优；不久又接到一份特急电报，岳父松本先生病危，要苏步青夫妇火速去日本仙台见最后一面。苏步青体谅夫人的心情，对她说："你回去吧，我要留在自己的祖国，祖国再穷，我也要为她奋斗，为她服务。"松本来子想到丈夫的生活和事业，她担心万一战局恶化，可能再也无法回到苏步青的身边，也打消了回日本的念头。

（二）守法

守法是公民的基本行为准则，也是我国实施"依法治国"方略的必然要求。要实现社会主义法治国家的目标，需要每个社会成员知法守法，用法律来规范自己行为，不做法律禁止的事情。教师只有做到了依法执教，才能更好地为国家培养依法治国的人才，才能迅速提高全民族的法律意识。

守法是依法治教的重要内容。依法治教的重点是各个教育部门都要按照法定的权利和义务要求来治理教育，依法指挥、组织、管理、实施、监督、参与教育活动。为此，教师在从教过程中要认真地学法、知法、懂法和守法，依法行使教书育人的权利，履行法定的教育义务和责任。

守法是教师坚持正确职业行为方向的保证。我国现有近 2000 万教师，他们兢兢业业、努力工作，涌现出大批爱生如子、乐于奉献的师德典范。但还有相当数量的教师法律意识不强，既不学法，又不懂法，更不执法。如擅离课堂，随意停课；偷取、泄露考题和考试舞弊；实施体罚或变相体罚；对学生乱收费、乱罚款等。这就需要教师必须加强对有关法律法规的学习，依法保护教师和学生的合法权益，切实做到依法治教和依法执教。

1. 全面贯彻国家的教育方针

我国的教育方针是，教育必须为社会主义现代化建设服务，必须与生产劳动相结合，培养德、智、体等方面全面发展的社会主义事业的建设者和接班人。要全面贯彻落实国家的教育方针，就必须实施素质教育。所谓素质教育，是指以提高人的思想道德素质、文化素质、专业素质、身体心理素质为根本内容和目的的教育。作为国家教育方针的执行者，教师只有具备良好的道德素质和法治意识，才能全面贯彻国家的教育方针，培养出德、智、体、美、劳全面发展的社会主义事业建设者和接班人。

2. 遵守教育相关的法律法规

我国与教育相关的法律法规主要有《教师法》《教育法》《义务教育法》和《中华人民共和国未成年人保护法》（以下简称《未成年人保护法》）等。上述法律法规中涉及教师职业道德的内容主要有以下几个方面。

（1）教师的职业理想

教师的职业理想与教师的职业性质有着密切的联系。《教师法》明确了教师的职业性质，根据该法的规定，教师是履行教育教学职责的专业人员，承担教书育人、培养社会主义事业建设者和接班人、提高民族素质的使命。教师应当忠诚于人民的教育事业。

（2）教师的职业纪律

职业纪律是教师必须遵守的行为规范，其主要内容可以归纳以下几类：①遵守教学时间的规定，不迟到、不拖堂、不提前下课；②遵守教学计划的规定，按时完成教学任务；③遵守教学态度的规定，认真备课、上课、批改作业，认真开展课外活动；④遵守禁止体罚和变相处罚的规定，不打骂或体罚学生，不乱罚款、收费，等等。

根据《教师法》的规定，教师有下列情形之一的，应由所在学校、相关教育机构或教育行政部门给予行政处分或解聘：①故意不完成教育教学任务，给教育教学工作造成损失的；②体罚学生，经教育不改的；③品行不良，侮辱学生，影响恶劣的。教师有前款第②项、第③项所列情形之一，情节严重，构成犯罪的，依法追究刑事责任。

3. 依法行使教师权利和履行教师义务

教师权利是指教师在教育活动中享有的由《教育法》赋予的权利，其具体内容包括：

（1）进行教育教学活动，开展教育教学改革和实验。

（2）从事科学研究、学术交流，参加专业的学术团体，在学术活动中充分发表意见。

（3）指导学生的学习和发展，评定学生的品行和学业成绩。

（4）按时获取工资报酬，享受国家规定的福利待遇以及寒暑假期的带薪休假。

（5）对学校教育教学、管理工作和教育行政部门的工作提出意见和建议，通过教职工代表大会或者其他形式，参与学校的民主管理。

（6）参加进修或者其他方式的培训。

与教师权利相对应，教师在教育教学活动中也应履行教师义务，《教师法》规定教师应当履行下列义务：

（1）遵守宪法、法律和职业道德，为人师表。

（2）贯彻国家的教育方针，遵守规章制度，执行学校的教学计划，履行教师聘约，完成教育教学工作任务。

（3）对学生进行宪法所确定的基本原则的教育和爱国主义、民族团结的教育，法制教育以及思想品德、文化、科学技术教育，组织、带领学生开展有益的社会活动。

（4）关心、爱护全体学生，尊重学生人格，促进学生在品德、智力、体质等方面全面发展。

（5）制止有害于学生的行为或者其他侵犯学生合法权益的行为，批评和抵制有害于学生健康成长的现象。

（6）不断提高思想政治觉悟和教育教学业务水平。

二、爱岗敬业

（一）爱岗敬业的内涵

爱岗敬业是社会主义职业道德的基本规范之一，也是教师职业道德规范的重要内容之一。爱岗敬业是爱岗和敬业的总称，是处理教师个体与教育职业之间关系的准则。

所谓爱岗，是指教师对本职工作的热爱和高度负责的工作态度。所谓敬业，是指教师对国家教育发展和学生成长的使命感和责任感。具体表现为对教育教学工作的认真负责、一丝不苟和精益求精，对学生热情关怀、尽心尽力。爱岗和敬业既相互联系，又相互区别。从二者的联系来看，爱岗是敬业的前提，敬业是爱岗的体现。从二者的区别来看，爱岗更多的是一种情感体验，敬业更多的是一种态度和行为体现。二者相互联系，相互促进。

（二）爱岗敬业的要求

爱岗敬业的要求分为三个层面。"忠诚于人民教育事业，志存高远，勤恳敬业，甘为人梯，乐于奉献"，是教师应具有的精神状态，它是教师爱岗敬业的前提和基础；"对工作高度负责，认真备课上课，认真批改作业，认真辅导学生"，是对教师工作所涉及内容的具体要求；"不敷衍塞责"是教师在教育工作中必备的工作态度。

认识爱岗敬业的重要性并不难，难的是掌握其本领，在日常的教育教学点滴中做到爱岗敬业，并能持之以恒。

1. 要敬重教育事业，志存高远

对于一位教师而言，要敬重教育事业，就要潜心研究业务，不浮躁，耐得住寂寞，做到"敬事而信"和"敬业乐群"。凡有成就的教师，都是从教育职业劳动中领略无穷趣味的敬业者。教师敬业的核心是尊重职业、献身职业。尊重自己所从事的教育事业是教师敬业精神的首要标准，是一位教师必备的、最基本的心态。热爱和尊重是职业成功的前提，只有对自己的职业有积极的态度，对自己从事的职业充满敬重的情感，才能维护它和成就它，才能唤起喜悦和快乐等积极性的体验，在职业活动中作出积极的贡献。一位教师确立和培养崇高的职业理想和事业心，真正地尊重职业，必须具有不放弃的使命感和责任感，把自己从事的教师职业看得无比神圣。这种敬重职业的事业心，包含着决心成就事业的高尚情感、忘我的品格、实干的作风和奉献的精神。志存高远就是追求远大的理想，追求卓越，获得教师职业上的成功。教师职业上的成功包括两个方面：一是成就学生，让学生成才，让学生成人；二是成就自己，在成就学生的过程中，提高自己的教育教学水平，著书立说，成名成家。教师的责任大如天，使命重如山，一个肩膀挑着学生的现在，一个肩膀挑着祖国的未来。没有对教育的忠诚之心，缺乏高远的教育理想就不能承担这份沉甸甸的责任。

2. 要甘为人梯，自觉提升精神境界

教育工作者只有在深刻理解教育事业地位和作用的基础上，才会产生对教育工作真挚、深厚的感情，才会满腔热情地投身于教育事业；教师只有不断超越个人私利，提升精神境界，把教育事业视为为人民谋福利的事业，才能有甘为人梯的胸怀，把学生的成长发展和进步视为自己人生价值的体现。

广大人民教师辛勤地耕耘在教育事业的园地，他们不图名、不图利、不图回报，默默无闻地教书育人，兢兢业业地培育人才。湖北大学朱祖延教授曾在《教师述怀》

中写道："不辞辛苦做人梯，在有生之年把自己全部知识和经验传授给学生。"这种无怨无悔，不图所求，甘为人梯的自我牺牲、无私奉献精神，应成为每一位教师的共同追求。对于一位教师来说，以忘我的精神献身于崇高的职业，是最大的幸福。教师的职业意识和责任在职业劳动中的反映，就是个人把献身职业和做出成就看成是自己的使命和责任，把它看成非这样做不可的需要和义务。教师在职业生活中，经常感受到这种责任的存在，并在履行这种责任、使命的同时，不断形成和发展内在的责任感、使命感并献身于职业。全身心地投入职业劳动和创造，才可能是幸福、愉快和有成就的人。

3. 要勤业精业，高度负责

教师的勤业与精业是教师对其职业价值的积极追求和具有崇高职业道德精神的重要表现。勤业表现为忠于职守、认真负责、执行规范、坚持不懈、积极进取，它是实现教师职业功能的基本保证。教师的工作不是轰轰烈烈的大事，但教育无小事，事事是教育。教师要认真对待日常教育教学中的每一环节，必须对自己的本职工作抱有高度的责任感，一丝不苟，尽职尽责。精业表现为本职工作的业务纯熟、精益求精、不断改进，它是实现职业劳动最高效益的价值追求。勤业与精业是相辅相成的辩证统一。勤业是精业的前提，精业是勤业的必然。韩愈说："业精于勤，荒于嬉；行成于思，毁于随。"每一位教师，不论个人学历如何，也不论天赋如何，只要肯花时间，勤钻研，善于拜师求教，总结经验教训，积累方法技巧，就有可能使自己的工作达到精益求精的境界。以精益求精的工作完成国家赋予的人才培养重托和学生全面发展的期望，这是一名教师对国家、对家庭、对学生最具道德感的表现。

4. 要勇于奉献，杜绝敷衍塞责

教师要勇于奉献，杜纸敷衍塞责，这是其必备的工作态度，是对职业道德规范的底线性要求。因为，教师的敷衍塞责将对整个教育事业和学生的终身发展造成巨大的损失，有的损失甚至无法弥补。教师的敷衍塞责具体表现在两个方面：一是教学上的敷衍塞责。比如，有的教师出工不出力，备课的时候只备教材，不备学生，没有尊重学生的主体性，不能体现新课改的精神；有的教师对学生的作业主要看其答案的对与错，追求答案的标准性，忽视学生作业中出现的创新观念；还有的教师一本教案用几十年。二是在育人上的敷衍塞责，具体表现就是事不关己高高挂起，多一事不如少一事。一些任课教师认为管理学生是班主任、学生处的事情，与自己无关；有的教师不愿意做班主任，担心当班主任工作任务太重、压力太大，不愿意承担育人的职责；有的教师只关注自己的小家庭，不关心学校及学生的发展，甚至不追求自己的专业发展，当一天和尚撞一天钟等。一个具有积极工作态度的教师，应表现出对教育对象的热爱、尊重和关怀，对教师集体的团结合作，对各项规章制度的充分理解和认真遵守，对教育劳动的积极投入和忘我奉献。

教师爱岗敬业，尽职尽责，不敷衍塞责，就意味着要付出更多的精力，但无数事实说明，这样的教师因问心无愧、心地坦荡而体验到的内心快乐和幸福，是常人所难以体会到的。只有爱岗敬业的教师，才能在自己的平凡岗位，找寻到人生价值的依托和教育幸福的源泉。

【案例】

大山里的坚守

离黄山 100 多千米的毛田村是个贫困村。在毛田村里，有一位家喻户晓的人物——汪来九老师。在毛田村的村民看来，正是因为有了汪来九老师，贫困的毛田村才有了希望。在汪老师任教的几十年里，村里很多家庭的几代人都成了汪老师的学生，并且没有一名孩子辍学和留级。

1971 年 8 月，21 岁的汪来九怀揣徽州师范学校的毕业证书，满怀着青春年少的理想来到了安徽省黄山市黟县宏潭乡毛田村，开始了他"一人一校"的教书生涯。

在多年的教学生涯里，他一直坚持让学生每天写日记，从一年级的一句话开始，到高年级的千字短文。他每天都要抽出一段时间让学生读自己的日记并展开交流，然后给予学生评价。多年养成的这种习惯，使学生的观察能力、口语表达能力和写作水平都得到了提高，也使得大山里的这些孩子们不仅能仔细观察身边的事物，而且会主动关心国家大事。

山区的教育资源贫瘠，师资力量单薄，如何依靠一个人的力量来保证所有的孩子都尽可能地学到更多的知识呢？汪来九通过多年的教学实践，摸索出了一套特别适合山区教育的"复式教学法"。毛田村小学只有一间教室，汪来九老师把六个年级和一个学前班的 22 名孩子同时集中在这间教室里，按不同的年级分组，轮流给每个年级授课。每当汪来九教授某个年级的课程时，其他年级中就会有一名小学生干部自觉地站出来组织同学进行各自年级的学习。

虽然山区条件有限，但在汪老师的学校，每门课程都是不能缺少的。在音乐课上，汪老师自己的一把二胡就成了唯一的乐器。他悠闲地拉起二胡，孩子们伴着乐曲大声歌唱；在闲暇的时候，汪老师还会带着孩子们到操场上做做游戏，打打羽毛球，进行体育锻炼。

汪来九是一名快乐的乡村教师，乡亲们尊敬他，学生爱戴他，他快乐且满足着。他数十年如一日，用平凡而执着的追求，书写着对党的教育事业的无限忠诚。

(三) 爱岗敬业的意义

爱岗敬业精神既是每一种职业道德的基本导向，也是每一种职业道德的核心，这是社会和国家大力提倡爱岗敬业的主要原因。教师的爱岗敬业对教育工作的顺利进行、教育事业的发展都有极其重要的意义。

1. 爱岗敬业是社会主义道德要求在教师职业领域中的具体体现

爱岗敬业是社会主义道德的基本要求。作为社会主义的建设者，教师理应践行爱岗敬业的职业道德规范。教师通过履行教育教学职责为人民服务，为社会承担责任和义务。倡导爱岗敬业就是要求教师对教育事业具有强烈的责任感和深厚的情感，始终牢记自己的神圣职责，在深刻的社会变革和丰富的教育实践中履行自己的光荣职责。

2. 爱岗敬业是保持教师队伍稳定的基础

教师队伍持续、稳定的发展是教育事业发展的前提和基础。只有每一位教师积极培养自身的爱岗敬业精神及职业责任感、自豪感和荣誉感，坚定自身的教育信念和追求，忠诚于教育事业，不被不义之利、不当之欲引诱，教师队伍的稳定才有可靠的保障。

3. 爱岗敬业是乐教勤业的动力源泉

爱岗敬业精神能够促使教师摒弃庸俗的价值观和世俗的偏见，义无反顾地投身于教育事业，忠于职守，为国家培养出合格的社会主义建设者和接班人。爱岗敬业精神还能够促使教师时时处处以教育者的标准严格要求自己，以他人和集体利益为重，自觉主动、创造性地担负起教书育人的职责，履行教育义务。

因此，爱岗敬业精神是教师乐教勤业的动力源。在爱岗敬业精神的鼓舞下，"乐教"的情感体验和"勤业"的行为表现，会使教师模糊生活与工作的界限，时时处处以教育者的标准严格要求自己；会使教师模糊个人利益的得失，以他人、集体利益为重，自觉主动、创造性地担负起教书育人的职责，履行教育义务。所以，培育爱岗敬业的精神是提高师德修养的关键一环，它既是教师职业道德的基础，也是促进教师不断进步的动力源泉。

【案例】

格桑德吉——悬崖边上的护梦人

格桑德吉是西藏自治区墨脱县帮辛乡小学的一名教师。2000 年，格桑德吉毕业于河北师范大学，毕业之后她并没有像其他同学一样选择留在大城市工作，而是毅然回到西藏。为了让雅鲁藏布江边、喜马拉雅山脚下的门巴族孩子有学上，格桑德吉放弃了拉萨的工作，主动申请到帮辛乡小学工作。

墨脱县帮辛乡，因常年泥石流、山体滑坡，是墨脱最后一个通公路的乡。为了劝学，格桑德吉天黑走悬崖，在满是泥石流、山体滑坡的道路上频繁往返；为了学生不停课，别村缺教师时她不顾六个月身孕、背起糌粑上路；为了把学生平安送到家，每年道路艰险、大雪封山时，格桑德吉过冰河、溜铁索，把四个月才能回一次家的学生们平安送到父母的身边。

这些年来，为了教好学生，格桑德吉将自己的女儿央珍从两岁时一直寄养在拉萨的爷爷家，当一年之后格桑德吉再到拉萨的时候，女儿已经不认识她了。2013年，时逢格桑德吉荣获"最美乡村教师"称号，节目组特地邀请了格桑德吉的丈夫和女儿来到北京。同时，这也是格桑德吉与女儿的第五次见面。

截至2013年，在格桑德吉的努力下，门巴族孩子从最初失学率30%，变成到入学率95%。她教的学生有6名考上大学，20多名考上大专、中专，而她自己的女儿却留在了拉萨，一年才能见一次。村民们亲切地称她为门巴族的"护梦人"。

格桑德吉——喜马拉雅山脚下的辛勤园丁，是她让西藏山区孩子们的求学梦照进现实。

三、关爱学生

没有爱就没有教育，爱是教育的灵魂。传道、授业、解惑只是教师职责的一部分。教师职责首先表现在引领学生实现源于精神内部的、具有个性色彩的社会化过程。鼓励他们去追求更完善、更美好的自我，这要求教师在整个教育过程中时刻关爱学生。关爱学生既是教师的职业要求，也承载着全社会的期望。更为重要的是教师的关爱使中小学生在受教育过程中获得安全感、归属感，从而形成良好的道德品质并能全身心地投入学习中去。因此，教师的关爱是学生成长的力量之源，是教育成功的根本前提，也是教师道德修养的灵魂。

爱是教育的灵魂。如果教师不付出爱，则无论其学识多么渊博，都难以激发教育对象内在的学习动力，从而难以取得良好的教育效果。

关爱学生是指教师要关心爱护全体学生，尊重学生的人格，平等、公正地对待学生；对学生严慈相济，做学生的良师益友；保护学生的安全，关心学生的健康，维护学生的权益；不讽刺、挖苦、歧视学生，不体罚或变相体罚学生。

（一）关爱学生的重要性

1. 关爱学生是教师施教的感情基础

师生关系是教师与学生在教育教学过程中形成的主要人际关系。教师只有对学生抱有真挚的关爱，才能引起学生的共鸣，从而对教师产生信任、尊敬，进而亲近教师。所以，师爱是形成良好师生关系的前提和纽带。如果学生能够感受到教师的爱，他们就更容易理解教师的苦心，进而接纳教师的教育方式，并将师爱转化为激励自己前进的动力。具体而言，教师的教导能指引学生奋力前行；教师的表扬能让学生感到愉快或产生自豪感，进而激发学生的积极性；教师的批评能促使学生自我反省，下定决心克服缺点和纠正错误。

2. 有助于学生良好思想品德的形成

一个人良好品德的培养，离不开在一定环境条件下所获得的积极的情感体验。教师的呵护与关怀能让学生产生良好的感情体验，获得良好的道德认知和道德情感，有助于他们形成良好的道德品质。

此外，教师关爱学生，形成良好的师生关系，有助于学生自尊、自信、自强，积极参与教学过程，并发挥自己的潜能。

3. 有利于营造愉快的学习氛围

轻松、愉悦的学习氛围可激发学生的想象力和创造力，使其全身心地投入学习中。而创建良好学习氛围的关键取决于教师对学生的态度和行为。如果教师对学生十分关爱，学生就会拥有轻松、愉快的心情，这有利于营造愉快的学习氛围，进而促使学生的思维、想象和记忆活动有效地进行。

（二）关爱学生的基本要求

关爱学生是一种重要的教育力量，直接关系到学生德、智、体、美、劳全方面的发展。因此关爱学生可从以下几个方面进行：

1. 尊重学生的人格，公正、平等地对待所有学生

学生既是教育活动的对象，也是教育活动的主体，其具有独立的人格和尊严，渴望得到教师的尊重和理解。教师尊重学生，能让学生感受到自己得到了认可，从而增强自信心，获得学习的动力，自觉地追求更高的目标。反之，学生会因自尊心受到伤害而产生自卑感，从而对学习丧失信心。

教师要尊重学生，做到对学生平等相待、一视同仁。有些教师只喜爱那些品行良好、学习成绩优秀的学生，而对那些不太听话、学习成绩落后的学生，往往不太喜爱，甚至有些厌烦。这是一种不公正的做法，会给学生带来一些负面的影响。一方面，被偏爱的学生容易产生自满、自负心理，经不起逆境的冲击；另一方面，被冷落的学生容易产生逆反情绪，进而造成师生关系对立，甚至产生冲突。

2. 不歧视学生，不体罚学生

学生在成长的过程中犯错误在所难免，教师不能因为学生有缺点或犯错误而歧视学生，甚至体罚学生。在教育过程中歧视或体罚学生，非但不能使学生明白自己错在哪里，而且会使学生形成粗暴、冷酷的性格，激化师生矛盾。值得注意的是，除常见的罚站、罚跑、罚打板子等体罚方式外，以谩骂、讥讽等各种方式伤害学生的情感，侮辱学生的人格，或罚抄写百遍、告家长等也不应成为教师教育学生的手段和方式。

3. 关心学生健康，维护学生权益

教师面对的是成长中的孩子，是未成年人，当遇到危险时，学生往往无法像成人一样做出准确的判断并进行妥善处置。这就要求教师冲在前面，尽最大力量保护学生的生命安全。与此同时，在日常的教学活动中，教师要对学生进行适当的安全教育，增强学生的安全意识。

由于课业负担较重，我国中小学生容易出现视力下降、身体虚弱等问题。因此，教师要引导和督促学生加强锻炼、规律作息、科学用眼等。同时，为了避免学生在不

良社会环境和不良家庭环境的影响下产生心理障碍，教师还应加强与学生的沟通与交流，及时帮助他们疏导情绪。

另外，学生不仅享有宪法所规定的公民应享有的各项权利，还享有我国法律赋予未成年人的特殊权利。例如，《未成年人保护法》和《义务教育法》规定了未成年人的生存权、发展权、受保护权、参与权和受义务教育的权利等。教师要做学生权益的维护者，要制止各类侵犯学生合法权益的行为，还应当有意识地培养学生的权利意识和自我保护意识。

4. 严慈相济，做学生的良师益友

教师关爱学生的目的，是让学生得到良好的发展。这意味着教师对学生的关爱应建立在高度负责和理性引导的基础上，也就是说，教师在关爱学生的同时也应对其提出一定的要求。教师的关爱既要体现对学生的严格要求，又不能损害学生的生理发展和心理健康。当然，教师对学生提出的一切要求应符合国家相关法律法规的规定，符合教育方针、政策和教育教学规律。

教师对学生提出的各种要求应切合实际并因人而异。如果教师对学生的要求过高、偏离实际，那么学生将无法达到要求，结果可能会适得其反。另外，由于不同的学生在思想水平、认知水平等方面存在差异，所以教师要对不同的学生区别对待，适度要求，以便取得良好的教育效果。教师对学生的关爱，要体现严慈相济，应体现以下几点：

（1）教师要对学生要有慈爱之心。教师要把学生培养成为对社会有用的人才，就要对他们倾注无私的爱和真挚的情。教育家罗素认为，关爱学生能使学生智慧和道德得到很好的发展，他说："凡是教师缺乏爱的地方，无论品格还是智慧都不能充分地或自由地发展。"他的话提示我们，关爱学生对做好教育工作十分重要。慈母对孩子无私的爱，是因为有血缘关系，教师对学生慈母般的关爱，是一种更崇高而伟大的爱，能强烈地感化学生，使他们感悟人生，走向人生。

（2）教师对学生的严格要求要有科学标准。教师对学生的关爱是建立在高度责任性和理性基础上的爱。正如夸美纽斯所说："聪明人更加需要受教育，因为一个活泼的心理如果不去忙着有用的事情，它便会去忙着无用的、稀奇的、有害的事情。"因此，教师有责任严格教导学生，在他们的心中播下"智慧与德行的种子"。同时，教师的关爱既要体现对学生有种种严格的要求，又要不损害学生的生理、心理健康。

（3）教师对学生的严格要求要掌握一定的度和方法。掌握一定的度，是指教师对学生提出的各种要求要切合实际，符合学生的特点。如果要求过高，偏离实际。学生将无法达到，结果可能会适得其反。此外，严格要求还要因人而异。由于种种原因学生在思想水平、认识水平和知识水平等方面会存在差异，这就要求教师要实事求是，区别对待，适度地要求不同的学生，这样才能有好的教育效果。教师对学生的严格要求，要寓教于教育教学活动之中，采用耐心疏导的方法。只有方法得当，对学生的严格要求才能真正得到落实，才能取得好的教育教学效果。

【案例】

地震中平凡而又伟大的校长

　　四川省绵阳市安州区桑枣中学是一所初级中学。在"5·12"汶川大地震中，这所学校的2200多名学生和100多名老师安然无恙，无一伤亡。学校的校长名叫叶志平，他自从担任桑枣中学的校长后，对学校的安全建设极为重视。学校有一栋20世纪80年代建造的实验教学楼，从1997年开始，叶校长曾三次对这栋楼进行改造加固。对学校后来新建的教学楼的工程质量，他更是严格要求。例如，为避免教学楼外立面上的大理石板掉下来砸到学生，他认为这些大理石板不能只简单地黏贴一下，便让施工者给每块大理石板打4个孔，然后用4个金属钉将其挂在外墙上，再用黏合剂黏贴好。用建筑外檐装修的术语来讲，这叫"干挂"。

　　叶校长心里清楚，除了教学楼修建得结实以外，紧急情况下有序地疏散学生也至关重要。从2005年开始，他每学期都要在全校组织一次紧急疏散演习。学校给每个班级安排了固定的疏散路线，要求两个班级在疏散时合用一个楼梯，学生在疏散时必须排成单列。每个班级疏散到操场上的位置也是固定的，就连每个班级在教室里的疏散方法都做了规定。教室里面的座位一般是9列8排，坐在前4排的学生从前门撤离，坐在后4排的学生从后门撤离。学生还被告知，在2楼、3楼教室里的学生要跑得快些，以免堵塞逃生通道；在4楼、5楼的学生要跑得慢些，否则会在楼道中造成人流积压。

　　下课后、课间操时、下楼吃饭时、下晚自习后和紧急疏散时，都是教学楼中人流量最大的时候。叶校长要求老师在这些时候站在各层的楼梯拐弯处维持秩序并帮助遇到突发情况的学生。叶校长还规定，每周二是学校的安全教育时间，老师要在每周二专门讲交通安全和饮食卫生等方面的知识。

　　"5·12"汶川大地震那天，桑枣中学的老师和学生就是按照平时的训练秩序，用他们熟练掌握的方式进行安全疏散的。地震波一来，老师立即喊："所有人趴在桌子底下！"学生立即趴下去。老师们怕地震扭曲了房门，便迅速地打开了教室的前后门。地震波一过，学生们立刻冲出了教室。由于平时进行过多次演练，所以在地震发生后，全校2300多名师生从不同的教学楼和不同的教室中全部冲到操场，并以班级为单位站好，全程仅用时1分36秒。

　　学校所在的安州区紧临地震最为惨烈的北川。地震来临时，叶校长正在绵阳办事。第一波震荡过去后，他立即驱车往学校赶。他冲进学校时，看到的是这样的情景：他的学生都挨得紧紧地站在操场上，老师们站在最外圈，四周是已成为危楼的教学楼。他最为担心的那栋他主持修缮了多年的实验教学楼没有塌。地震时，那座楼上的教室里坐着700多名学生和老师。老师们迎着叶校长报告："学生们没事，老师们也没事。"叶校长后来说，那时，他浑身都软了。55岁的他，哭了。

第三节　教师职业道德规范的内容（下）

一、教书育人

（一）教书育人的内涵

教书育人是指在教育教学过程中，教师根据社会发展需要和学生身心发展规律，既传授科学文化知识，又进行思想品德教育，把学生培养成为德、智、体、美、劳全面发展的社会主义现代化建设需要的接班人。在任何时代，教育工作的根本任务都是为一定的社会或阶级培养具有一定科学文化和思想道德的人。这是由教育在社会生活中的地位和根本任务决定的。

（二）教书与育人的辩证关系

教书与育人作为知识教学和思想道德教育紧密结合的有机整体，相互联系，不可分割。教书育人是教师最核心的职责。教书是育人的重要途径和手段，育人是教书的最终目的。教书与育人之间是相辅相成，辩证统一的，其关系主要表现为以下几个方面。

1. 相互联系

教书与育人统一于教师的教育教学实践和学生全面发展的过程中。教书是育人的载体，是前提和基础；育人是教书的灵魂，是指导思想。与此同时，教师要教书育人，就要以国家教育方针政策和教育目标为指导思想，将传授知识、技能与培养学生良好的思想品德结合起来。

2. 相互促进

教书与育人是能够相互促进的。各个学科的教材都包含了丰富的德育内容，教师根据各自的教学任务和教学特点实施教学的过程，就是对学生进行道德教育的过程。与此同时，学生在学习科学文化知识的过程中会接受教师传授的道德观念，从而提升自身的道德品质。

3. 相互渗透

教书与育人相互渗透，即"教中有育，育中有教"。第一，在各学科的教学过程中渗透着道德教育。第二，在育人的过程中渗透着教学，即对学生进行道德教育时要依据教育规律和道德规律来进行。

在教育教学实践中教师只有把握了教书与育人的相互渗透关系，才能走出把学科教学视为"纯知识课"的误区，避免把学科教学演变为道德教育课。

【案例】

帕夫利克的故事

刚入学不久，帕夫利克便被教师们一致认为是学习上的"低能儿"。他"思想愚钝"，对同样的学习内容，他要反复学习才能掌握。哪怕是一些最简单的问题他也难以弄清，他甚至要花费很大的气力才能把一个字母同另一个字母区分开来。班主任为了提高他的学习成绩，花费了许多的精力，在几乎所有的课外时间里全力以赴地帮助他补习课业。帕夫利克几乎时时刻刻地伏案学习。尽管如此，他的学习成绩仍每况愈下，不可救药。随着年级的升高，每增加一门新学科，就多一位因他的学习成绩而找他母亲谈话的教师。

帕夫利克跌跌撞撞地进入了五年级。他依然伏案苦读，依然疲惫不堪，依然成绩落后……不过，他的生活也开始有了新的变化。在一些课上，特别是植物课上，教师除了要求学生听讲和记忆，还要求学生动手操作。植物课教师在教学时引导学生通过自己的操作去获取知识。在植物课操作过程中，教师惊讶地发现，帕夫利克一反常态，他不仅对上课内容表现出极大的兴趣，而且还在活动中展现出其他学生远远不及的能力。例如，他可以精细、准确地切开砧木的树皮，剥出插条上的幼芽并进行果树嫁接，而这些操作连一些老练的园丁都不容易做好。最令植物课教师激动的是，帕夫利克对一些自然现象有着浓厚的兴趣和独到的认识。于是，植物课教师向其他教师宣布，帕夫利克是一位聪明好学的学生，他的突出特点是在每一次的操作活动中展示出很高水平的技艺。植物教师称此现象为"智慧表现在手指尖上"。

植物课教师在温室和生物室里开辟了一个操作角，鼓励和支持帕夫利克进行各种有趣的实验。在那里，帕夫利克甚至完成了技艺水平很高的、只有经验非常丰富的高级园艺师才能完成的植物栽培实验。实验成功后，帕夫利克完全转变了，他的思维"觉醒"了。原先的胆怯、反应迟钝的表现慢慢地消失了，取而代之的是旺盛的求知欲，对自然现象细致入微的观察，对所学习知识的透彻理解和牢固掌握，以及一年比一年进步的学习成绩。中学毕业后，帕夫利克考上了农学院，毕业后成了一名出色的农艺师。

（三）教书育人的要求

教书育人在教师职业道德规范中的要求是：遵循教育规律，实施素质教育。循循善诱，诲人不倦，因材施教。培养学生的良好品行，激发学生的创新精神，促进学生全面发展。不以分数作为评价学生的唯一标准。这几个方面的内容共同构成了新时代教师教书育人的行动指南，具体可从以下几个方面进行阐述。

1. 遵循教育规律，实施素质教育

"遵循教育规律，实施素质教育"是教书育人的理论依据。遵循教育规律要求教师

必须做到了解、掌握、依据和利用教育规律。素质教育是以全面提升人的基本素质为根本目的，以人的性格为基础，以尊重人的主体性和主动精神、注重开发人的智慧潜能、注重形成人的健全个性为根本特征的教育。遵循教育规律与实施素质教育是辩证统一的。教育规律的内容非常广泛。其中，社会发展规律和学生个体发展规律是教师在实施素质教育的过程中必须遵循的两个规律。

（1）遵循社会发展规律，实施素质教育

实施素质教育不仅是教育改革的必然要求，也是社会经济发展的必然规律。当前社会高速发展，人与人之间的竞争、合作更为密切。这些让我们认识到社会发展与人的素质息息相关，不可分割。也就是说，社会发展有赖于各级各类教育活动的开展，有赖于人素质的提升；同时，教育活动的开展必须遵循社会发展规律。

我国的经济发展方式正在从粗放型向集约型转变，转变的关键在于科技的进步和劳动者素质的提高。劳动者素质的提升在很大程度上有赖于各类教育活动的开展。教师应顺应社会发展的潮流，大力实施素质教育，为培养社会发展所需的高素质劳动者而努力。

（2）遵循个体发展规律，实施素质教育

人的发展有其自身的规律，不同年龄阶段有不同的身心发展特点。因此，在实施素质教育的过程中，教师应遵循学生个体发展的规律，针对不同年龄的学生提出不同的任务，采取不同的教育方式和手段。

2. 循循善诱，诲人不倦，因材施教

"循循善诱，诲人不倦，因材施教"既是我国教育的优良传统，也是教师实施教书育人的具体原则。

教书育人成果的取得有赖于教师有步骤地引导学生进行学习。循循善诱原则要求教师在教育教学中做到以下几点：①由小到大地拓宽学生知识的广度，由表及里地提升学生知识的深度；②按照学生思维发展的规律和特点，由近及远、由直观到抽象地开展教学；③教育要循序渐进，充分调动学生的主观能动性。

教育是一项长期的工作，教师要有恒心；教育也是一项复杂的工作，教师要保持高度的耐心。只有如此，教师才能在教育的过程中诲人不倦，从而让学生学而不厌。

由于遗传因素及成长环境的不同，学生的身心发展存在个体差异。同时，每个学生都有发展潜能，只是潜能发展的类型和表现形式不同而已。教育要尊重学生的个体差异，让学生的潜能及特长充分地发挥出来。这就需要教师在教育活动中因材施教、因势利导、扬长避短，为每个学生潜能的发挥创造条件和机会。

3. 培养学生的良好品行，激发学生的创新精神，促进学生全面发展

教育的重要任务之一是培养受教育者的品行。教师在培养学生的良好品行时，既要传承传统美德，培养学生高度的社会责任感、高尚的道德情操、强烈的爱国热情、文明的生活方式，以及公正、诚信、合作、奉献的良好品质，又要培养学生良好的个

人生活习惯、学习习惯和公共生活习惯。在培养学生的良好品行过程中，教师应做到以下两点：一方面，让学生在日常生活和学习中明辨是非、明白事理，形成良好的思想观念；另一方面，重视学生品行的规范化教育，让学生树立正确的国家观、集体观、道德观等，养成良好的行为习惯。

创新是国家发展的动力，是民族进步的灵魂。教师应通过教书育人实施创新教育，充分发挥教育在培养创新人才方面的作用，激发学生的创新精神，引导、鼓励学生质疑、想象和探究，培养学生的自信心、好奇心和探索精神等创新品质，提升学生的创新能力。

随着科技的进步及社会生产力的发展，现代社会对人才的要求更加多元化，个体的全面发展也得到了普遍重视。《国家中长期教育改革和发展规划纲要（2010—2020年）》对人才评价也提出了明确要求："改进教育教学评价。根据培养目标和人才理念，建立科学、多样的评价标准。开展由政府、学校、家长及社会各方面参与的教育质量评价活动。做好学生成长记录，完善综合素质评价。探索促进学生发展的多种评价方式，激励学生乐观向上、自主自立、努力成才。"因此，教师应在培养学生良好品行的同时，激发学生的创新精神，促进学生的全面发展。

二、为人师表

（一）为人师表的内涵

从形式上讲，为人师表是教师职业道德内涵的直接表达；从内容上讲，为人师表是真、善、美的体现；从个性来讲，为人师表表现为教师良好的个性修养。教师要坚守高尚情操，知荣明耻，严于律己，以身作则，在各个方面率先垂范，做学生的榜样，以自己的人格魅力和学识魅力教育影响学生。要关心集体，团结协作，尊重同事，尊重家长，作风正派，廉洁奉公。

（二）为人师表的内在要求

教师不仅是科学文化知识的传递者，也是社会文化、伦理道德、价值观念的传播者和示范者。学高为师，身正为范。教师要坚守高尚情操，在各个方面率先垂范，做学生的榜样，以自己的人格魅力和学识魅力影响学生。

1. 知荣明耻，品德高尚

知荣明耻是有知耻心、自尊心和自爱心的表现。人们只有知荣明耻，才能自觉地履行道德义务，维护尊严、荣誉和人格。

在教育教学过程中，教师既要用自己的学识教人，又要用自己的品格育人。所谓正人先正己，教师要严于律己，以身作则，在思想品德、学识才能、生活方式和行为举止方面树立榜样，为学生做出表率。

在道德行为上，教师应保持高度的自觉性，以身作则，时时、处处、事事提醒自己：凡是要求学生做到的，教师自己首先要做到；凡是禁止学生做的，教师也不能做。

在思想作风上，教师要努力做到实事求是、表里如一，切忌弄虚作假、装腔作势、阳奉阴违、表里不一。在待人处事上，教师应做到光明正大、诚实正直、信守承诺，切忌虚情假意、两面三刀。

【案例】

失信于人的教师

在一次数学测验前，某班主任对学生许诺："我将对测试成绩前三名的学生予以物质奖励。"然而，班主任在事后却忘记了自己的承诺，使应该得到奖励的同学十分失望。期中考试前，该班主任在做考前动员时又许下诺言："如果班级能在期中考试时取得全年级第一名的好成绩，老师将请全班同学看一场电影。"

全班同学摩拳擦掌，都憋足了劲，争取拿第一。当同学们终于实现了班级目标，请班主任兑现承诺时，班主任却以学习任务重、没时间、学校不允许、票价高等种种理由拒绝了。从此以后，这位班主任的任何号召都失去了效力，班集体再也凝聚不到一起了。令这位班主任没有想到的是，一些学生因为不信守承诺而被批评时，便会理直气壮地说："这是班主任教我们的！"

2. 语言文明、仪表端庄

教师的衣着不仅能反映教师的个性和修养，还能显示教师对待教学的态度。在教育教学过程中，教师不仅要有高尚的品德，而且要在衣着、语言和举止方面表现得体。教师的衣着应与所在场合及上课内容相协调，不适宜的衣着不仅会影响教师的形象，还会分散学生的注意力，进而影响学生的学习。

语言不仅能够反映一个人的性格特征和精神面貌，还能体现一个人的文化水平和道德修养。在教育教学活动中，教师要规范地使用语言，与人交谈时须用语文明，态度诚恳，语气亲切，语调平和，音量适中，音调柔和，展现出教师温文尔雅的风度；讲课时应口齿清楚，吐字准确，用语精练。

教师的举止应亲切、自然、庄重和文雅。在教育教学活动中，教师尤其要注意教姿教态，恰当地运用表情、手势、动作和眼神，应使之成为实现教学目的、提高教学质量的有效辅助手段。

【案例】

粉笔头的启示

某学期刚开学时，一位班主任老师班里发生了一件令其触动很大的事。这位老师看见电视剧中的女老师写完黑板字后，把手中的粉笔头准确地投入讲台上的粉笔盒中，动作潇洒，干净利落，于是对女老师的这一个动作甚是偏爱，并情不自禁地效仿起来，且自我感觉良好。

令这位老师没有想到的是，有几次他让几名学生到黑板上板演，这几名学生在做完题之后，不约而同地把粉笔扔向粉笔盒，有的扔了进去，露出得意的神色；有的没扔进去，表情却也那样自然。课间，这位老师询问学生原因后，才知道学生的这种举止习惯是向老师学的。这位老师恍然大悟：难怪每天讲台边的地上总有踩碎的粉笔头，教室的卫生保持得不够好，原来是因为老师做了不好的示范。扔粉笔头这件事虽小，但其负面影响可不小。

这位老师知道事情的真相后，就在全班学生面前做了自我批评，并对学生说："我们大家互相监督，改掉这个坏习惯。"此后，这位老师就从细小的事情做起，严于律己，为学生做好榜样，凡是要求学生做到的事，他自己首先做到。例如，要求学生与人讲话时要有礼貌，老师就带头使用礼貌用语；要求学生不迟到，老师就每天准时七点到校，甚至还会再早一点，且课间休息时听到铃声后，老师马上走进教室；要求学生热爱劳动，老师就带头劳动。

后来，学生们写完粉笔字后再也不扔粉笔头了，教室卫生保持得特别好。从这件事中，这位老师深深地体会到，班主任必须从平凡细致的小事做起，充分发挥自己的模范作用，只有这样才能把学生教好。

（三）作风正派、廉洁从教

在教育领域，清廉正派、品德高洁是教师道德的应有之义，历来为立志于献身教育事业者所践行。教师职业要求教师要十分珍视自己在学生心目中的形象，十分珍视自己在社会上的形象。作风正派、廉洁从教，既是教师职业的要求，又是形成良好社会风气的需要。

所谓作风正派、廉洁从教，是指教师在整个从教生涯中都要坚持正直、清廉的原则，不贪念学生家长的钱物，不贪占公共资源，不沾染社会恶习，始终以清廉纯洁的道德品行为学生做出表率。作风正派、廉洁从教既是教师处理教育教学活动与个人利益之间关系的准则，也是教师为人师表的人格魅力所在。

教师要做到廉洁从教，应特别注意以下三忌：一忌丧失原则，如与学生家长发生不应有的经济来往；二忌利用学生家长的资源去谋取个人利益，开展损害教师形象或会对学生造成不良影响的交易；三忌接受学生家长的吃请或收受学生家长的礼品，从而破坏教师在学生心目中的形象。

【礼物】

礼　物

一阵敲门声后，门开了一道缝儿，一名学生怯生生地走进老师办公室，脚步缓慢地挪向安老师，并叫了一声："安老师。""有事吗？"安老师问。"安老师，这支钢笔是我爸爸让我送给您的，他说一定要让您收下，这样我的成绩就会好起来。"安老师愣了一下，说："我收下这支钢笔，你的成绩就会好起来？""对，是我爸爸说的，反正他让我把钢笔交给您。"这个学生回答道。安老师望着这个略感不解和害怕的学生，不禁笑了起来。家长自然盼望老师能多关照自己的孩子，多给自己的孩子"开小灶"。但他们哪里知道，想要让学生在学习成绩上打个翻身仗，哪里是靠"开小灶"或增加补课次数就能奏效的呢！

看看那支钢笔，又看看那张充满着期待的小脸，安老师说："好，那安老师就收下你这支钢笔了。""那太好了，下次我考试就能及格了。""但我有个条件。""您说吧，只要您收下它，什么条件都行。""安老师答应收下你的钢笔，但不是现在，而是等期末考试你的成绩及格以后。""那您还是不收呀，我还是及不了格。"说着，她的眼圈儿顿时红了。安老师急忙说："不是不收，而是安老师不想收你爸爸送的钢笔，要收你自己送的礼物，你明白吗？"她似懂非懂地点了点头，问道："安老师，那我要怎样做才能让您收下这支钢笔呢？"安老师回答道"你只要做到以下两点：一是上课时不走神，不做小动作；二是下课后认真完成作业，遇到不明白的地方就来问我。""行，我一定让您收下这支钢笔。"说完，这个学生就转身跑掉了。后来，这个学生真的按照安老师所说的要求做了，学习成绩确实比以前大有进步。

期末考试后，这名学生又拿着那支钢笔站到了安老师的面前，并说道："安老师，这回您总该收下这支钢笔了吧，因为我考试及格了，这是我自己送给您的礼物。""你告诉我这支钢笔是哪里来的。""是我爸爸买的。""这能说是你送的礼物吗？"这下可把孩子给难住了，她着急地说："安老师，我怎样才能送给您一份我自己的礼物呢？"安老师看着她那张显得着急和疑惑的小脸，笑着说："傻孩子，你现在的学习成绩大有进步，这不就是你送给我的最好的礼物吗？""安老师，我明白了。下回我一定通过自己的努力送您一份让您更加高兴的礼物。"

（四）团结协作，尊重家长

社会各行各业的高速发展都离不开团队的合作，以教书育人为基本职责的人民教师更加需要团结协作。因为现代教育是一种群体协作性很强的职业劳动，它需要教师与教师、教师与学校领导，乃至教师与学生家长之间的真诚合作。

三、终身学习

终身学习是通过一个不断的支持过程来发挥人类的潜能，它激励并使人们有权去获得他们终身所需要的全部知识、价值、技能与理解，并在任何任务、情况和环境中有信心地、有创造性地和愉快地应用它们。终身学习的含义表明，学习是贯穿个人一生的自觉行动，社会各部门，包括学校、博物馆、文化宫、电视台等社会机构、设施和大众传媒都应参与教育并为社会成员的学习提供机会和条件。

（一）终身学习的基本特征

终身学习的基本特征主要包括以下几个方面：

1. 连续性

终身学习主张学习的连续性和一贯性，强调学习的时间跨度，要求把学习贯穿于人的一生。终身学习不仅对教师的职前产生影响，同时对职后的整个人生也产生影响。

2. 开放性

终身学习的开放性表现在两个方面：一是学习社会化。学习社会化主要是指学校向社会开放，包括学校必须与现实社会紧密联系，实现专业、学科结构和具体教学内容的开放，以及实现对学习对象的完全开放。二是社会学习化，在影响个人成长与发展的所有因素中，学校教育仅仅是一种有限的教育力量，学校不再是唯一被认可的学习场所，公共机构和大众传媒对青少年教育及成人教育都可以发挥巨大作用和有效影响。教育应扩展到与人们实际工作、生活有关的各种环境中，满足人们走向社会、了解社会、参与社会变革的需要。

3. 多样性和灵活性

终身学习是一切教育机会的有机统一，它对受教育者没有年龄、资历、职业背景的任何要求，对学习时间和地点也无任何限制。人们只要产生学习需求，就能随时在终身教育系统中获得相应的教育满足。由于不同的人在各自不同的年龄阶段以及不同的职业背景下有着不同的求学目的，因而需要不同层次的多种教育形式来满足不同的学习需求。这些学习形式不仅有正规教育学习、非正规教育学习、非正式教育学习之分，而且有初等教育学习、中等教育学习、高等教育学习之别。此外，还有面授、函授、广播、电视、计算机、多媒体、网络等多种学习手段，充分体现终身学习的多样性和灵活性。

4. 个性化

未来教育将是分散的、不集中的、个别化的。人的生存具有个体性，因此对于人的学习或教育也应是个性化的，人们可以自由选择学习的内容和方式。终身学习尊重每个人的个性和独立选择的特征，它强调每个人可以选择最适宜自己的教育形式，以便通过自主自发的学习在较高的程度上完成全面发展的目标。

【案例】

情境教学

情境教学实验的成功让李吉林由衷地感受到了播种者的快乐。亲友、同事在为她高兴的同时，都好心劝她："能干到这份上，该见好就收了。"但此时李吉林的心就像潺潺的小溪初入奔腾的大海，有着使不完的劲，她力求新的超越。

1990 年，李吉林跳出语文学科，开始将情境教学的理念向其他学科进行渗透。她首先向相近的思想品德学科拓展，一改以往枯燥、空洞的说教，而以生动的道德情境、具体的道德形象，唤起学生的道德情感，达到动情而晓理的境界，使道德教育真正触及、润泽学生幼小的心灵。接着，她又将情境教学向音、体、美等科目渗透。李吉林还发现优化的情境对学生数理逻辑智能、音乐智能、空间智能、交往智能都可以起到积极作用。她深感一切知识都产生于情境中，最终又回到情境中去运用。情境教学的功能决定了它应该属于整个小学教育。于是，她大胆提出"情境教育"，使"情境教育"实验进入更为宏观的范畴，构建了"拓宽教育空间""缩短心理距离""利用角色效应""注重创新实践"的情境教育基本模式，并从哲学和心理学层面阐述了情境教育的基本原理。

李吉林在大量实践中不断提出问题，不断超越自己，将情境教育不断推向前进。多年来，她的寒暑假、节假日几乎都用在学习与研究上。省市工会、教育行政部门多次安排她假期到风景区疗养，她一舍不得花学校的钱，二舍不得花时间，因此一一谢绝了。她把实践中的收获记录下来，撰写了数百篇论文，出版了8本专著，编写了1～12册小学语文补充教材。《小学语文情境教育》在1999年获教育部第二届全国教育科学优秀成果一等奖。她撰写的大量论文、教育散文和个案均显新意与深度，在全国多次获奖，其中一等奖就达9项。这样的量与质对于一个小学教师，该是多么不易！

李吉林老师之所以能够取得这么丰硕的成果，靠的就是在教学工作中不断进取、勇于探索的精神。

5. 整体性

终身学习提倡学习一体化，注重学习的整体性。终身学习是人一生中所遇到的学习机会与社会所提供的学习机会的统一，即一切正规教育学习、非正规教育学习、非正式教育学习的整合。现代社会中所有可以利用的教育力量应由相互独立、各不相干的关系发展成一种新型的合作关系，亦即将各种学习机会和学习条件有机整合起来，统筹安排，整体调控，使之统一在一个相互衔接的制度中，形成家庭、学校、社会学习一体化。

（二）落实终身学习理念

倡导终身学习就是要求教师做终身学习的表率。终身学习是时代发展的要求，也是教师的职业特点所决定的。教师必须树立终身学习的理念，拓宽知识视野，更新知识结构，潜心钻研业务，勇于探索创新，不断提高专业素养和教育教学水平。

1. 崇尚科学精神，树立终身学习理念

崇尚科学精神就是尊重和推崇科学精神，其基本要求是求真务实、开拓创新。为此，教师应做以下几点：①坚持解放思想、实事求是，从实际情况出发，解决工作中遇到的新情况、新问题；②热爱科学、崇尚真理，依据教育科学规律从事教育工作；③勤于学习，善于思考，努力用人类创造的智慧成果完善和发展自己；④甘心付出，勇于创新，不断提升教育科学水平与教学艺术水准。

树立终身学习的理念是指教师既要把终身学习作为职业发展的必然需要，又要把终身学习作为自己的自觉追求。教师的工作量普遍较大，有效进修的时间并不多，客观上给教师拓宽眼界带来了困难。因此，教师必须努力克服困难，才能将终身学习的理念落到实处。

2. 拓宽知识视野，更新知识结构

教师要想做好教育工作，就必须具备以下几个方面的知识：①条件性知识，即必要的教育科学知识，包括教育学的理论与方法、心理学的理论与方法、学科教学论的知识等；②本体性知识，即学科专业知识和其他学科的相关知识；③实践性知识，即产生于教师的教育教学实践过程的知识。在人类知识呈几何级数增长、科技迅猛发展的背景下，教师需要定期更新知识和技能。需要注意的是，知识结构的更新不是一次性完成的，而是通过持续不断的学习和积累完成的，贯穿于教师职业生涯的全部历程。

3. 潜心钻研业务，勇于探索创新

潜心钻研业务与勇于探索创新之间有着密切的联系，前者是后者的基础，后者是前者的升华。随着社会的发展，教育的内容也在不断变化，教育的问题层出不穷，教师的劳动愈加具有挑战性，教师仅靠机械重复的劳动已经无法解决新出现的问题，只有潜心钻研，才能寻找到解决教育问题的最佳方案。

对于教师而言，若只教书育人而不从事探索创新活动，其教育教学便不会有大的进步。我国的教育发展要求教师具有基础的探索创新能力，教育的创新要通过提高教师的探索能力去实现。

4. 提高专业素养和教育教学水平

提高专业素养是提高教育教学水平的基础，提高教育教学水平是提高专业素养的结果。教师只有不断地提高自身的专业素养，才能成为高师，进而培养出合格的人才。也只有不断提高自身的专业素养，才能促使自己的教学水平由模仿水平逐步发展到独立水平、创新水平、个性水平等更高层次。为此，教师应做到以下几点：①要善于总结教学经验，反思自己的教学实践，促使自己的专业素养得到实质性转变；②应通过多种途径，不断丰富教育教学内容；③在阅读书本时，应积极主动地思考，用辩证的眼光取舍书本内容；④应由过分关注应试知识向注重情感、态度和价值观转变。

【案例】

读书成就教师

回首自己走过的人生之路，江苏省著名特级教师、苏州市首批名校长高万祥说过许多精彩的话语。他说，"读书，教书，著书，不可一日无书"，"书籍是学校中的学校，为新世纪培养高质量的'阅读人口'是基础教育义不容辞的神圣使命"，"一个人只有终身保持阅读的习惯，才能不断增强自己的爱心、良心、责任心，才能让自己永葆青春。因为，与书为友就意味着与大师为友，与文明为友，与真理为友"。

1973 年 1 月，高万祥高中毕业。在寂寞而苦闷的日子里，文学成了高万祥唯一的精神寄托。现在他还清晰地记得当年在乡下苦读的情景：白天，他经常趁着劳动的间隙，独自坐在田坡上读书，将扁担当凳子，膝盖当桌子；午休时，他一个人躲在屋里做读书笔记，汗水把稿纸都浸湿了；夏夜，他用棉花塞住耳朵，把屋外纳凉者的谈笑声挡在心灵之外；为了对付蚊子的袭击，他不得不穿上长衣长裤、高筒雨靴。就这样，高中毕业后的两年，高万祥几乎读遍了当时所有能找到和买到的书，床头的那本《新华字典》早就被他翻得破烂不堪，抽屉里塞满了读书笔记、撰写的文章和一大堆退稿信。接下来，高万祥做了三年代课教师。因为不能取得民办教师的资格，20 岁出头的高万祥不得不背着简单的行装，像"游击队员"一样，辗转于全乡的十多所中小学校。从幼儿园到高中，常常是刚一站稳脚跟，就又要开始"流浪"。尽管如此，这段经历却让高万祥深深地喜欢上教师这一职业。

对于坚强者来说，逆境与磨难总是人生的一笔财富。1978 年，高万祥凭着多年的阅读积淀，以优异的成绩考入江苏师范学院（今苏州大学）中文系。站在高大的图书馆前，高万祥激动不已，他禁不住长吁一口气："告别了，无书可读的日子！告别了，疯狂而苍白的岁月！"大学四年间，高万祥不敢说自己是最优秀的学生，但确信自己一定可以算得上最勤奋的学生。从宿舍到餐厅，从教室到图书馆，他每天都在同样的轨迹上与时间赛跑。对他来说，那时最大的幸福莫过于有书可读。大学时代丰富的阅读给了高万祥新的生命和新的生活。

四年之后，高万祥走上了百年名校张家港梁丰中学的讲台，当班主任，做语文老师，工作是非常繁忙的。但是，高万祥常常忙里偷闲，以不懈的阅读支起一片放飞心灵的蓝天。他订阅了十多种报纸杂志，并且一有时间就跑书店。他读经典，读时文，文学、教育、哲学、历史、经济无不涉猎。他说，阅读滋润了他的教育爱心，培育了他的正义与良知，给了他诗意般的教育追求与人生追求。

多年来，高万祥绝不让教材、教参独霸课堂，他特别注重从广泛的阅读中汲取思想和精神的养料，让书籍为学生打开新的文化视窗。他一直记着教育家苏霍姆林斯基的话："把每一个学生都领进书籍的世界，培养起对书的酷爱，使书籍成为智力生活中的指路明灯——这些都取决于教师，取决于书籍在教师本人的精神生活中占何种地位。"因为阅读广泛，高万祥的课堂上总有不少的新鲜故事听。他给学生讲作文与做人的道理，讲《忏悔录》的作者因敞开心扉而被人誉为"欧洲的良心"，讲文坛泰斗巴金"把心交给读者"的创作态度，讲李白墓地上那块书写着"真诗不死"的石碑。他无数次提醒学生："孩子的可爱在于没有矫饰和虚伪，文章的可贵在于真情的流动。"为了让学生保持透明的童心，他要求学生把日记当成自己的精神家园，让真实的情感花朵在日记中绽放，让自由的生命个性在日记中挥洒。

"天下第一好事，还是读书。"在高万祥身上，人们再一次感到此言妙极！平日里，坐在宽大的办公桌前，高万祥没有被频繁的电话弄昏头脑，没有在琐碎的应酬中迷失自己，他的背景永远是一壁高大的书橱。

【思考练习】

1. 如何正确理解爱国守法的基本内涵？

2. 教师在教育教学活动中怎样做才能是爱岗敬业？

3. 关爱学生的重要性和基本要求？

4. 怎样理解教书育人对教师的素质要求？

5. 为人师表需要我们从哪些方面去努力？

6. 简述教师终身学习的重要性。

第四章　教师职业道德修养

【名人名言】

知之真切笃实处即是行，行之明确精察处即是知。

——王阳明

【学习目标】

1. 理解教师职业道德修养的含义和特点。
2. 掌握教师职业道德修养的主要内容和原则。
3. 掌握教师职业道德修养的途径和方法。

【内容提要】

教育现代化、社会的快速发展对教师职业道德不断提出更高的要求。加强自我修养是提高教师职业道德水平、提升教师职业道德境界的内在保障。只有通过加强教师职业道德修养，才能最终实现教师职业道德的原则、规范及范畴对教师职业道德行为的指导和规范作用。因此，教师应不断提高职业道德认识，坚定职业道德信念，投身职业道德实践，以不断提高自身职业道德修养。

【课程导入】

老师的一个电话挽救了三条生命

2013 年 12 月 4 日，学生家长王焕巧拿着一封感谢信来到河南省安阳市内黄县第一实验小学，感谢救了她家三口人性命的曹爱芬老师和李静芬老师。

王焕巧有两个孩子，都在内黄县第一实验小学上学。2013 年 11 月 21 日早上，三年级（4）班的班主任曹爱芬像往常一样准备上课。按照学校规定，她首先查看了学生的到校情况。在发现小玉没来上课后，她赶紧跟小玉的妈妈王焕巧联系，询问学生没来上课的原因。而电话那头的王焕巧却告诉曹爱芬，她和爱人一起在外地出差，两个孩子和爷爷在家里。与此同时，姐姐小婷的班主任李静芬也给王焕巧打来了电话，告知小婷也没有到校上课。

接到两位老师的电话后，王焕巧发现了问题的严重性，意识到可能是家里的煤球取暖炉出问题了。她连续多次拨打孩子爷爷的电话，却一直无人接听。这让王焕巧慌了神。她想方设法联系到邻居，请求邻居去家里看看。邻居接到电话后就往她家跑，打开房门，屋内一股刺鼻的煤气味扑面而来，床上的两个孩子和爷爷已经重度昏迷，不省人事。在众人的帮助下，孩子和老人被送往医院。"医生说再耽误 10 分钟，三个人的性命就难保了，幸亏有了老师和邻居的帮助，孩子和爷爷才被抢救了回来。"王焕巧一家人谈起此事时仍心有余悸。

内黄县第一实验小学的副校长张红利说："学校的管理制度很严格，尤其是一直坚持实施课前清点学生人数这一规定，也因此挽救了三个人的性命。"

第一节 教师职业道德修养概述

一、教师职业道德修养的含义

"修养"是一个含义十分广泛的概念。就它的本义来说，"修"是指学习、修整、切磋、琢磨，有改正错误，提高和完善之义。"养"是指涵养、熏陶、培植、抚育、陶冶、形成的意思。"修养"一词可从不同意义上使用，它包括举止、仪表、技艺、情操等多方面的陶冶，既有修身养性、反省体验的意思，又包括切磋琢磨、涵养提高的待人处世态度，以及政治思想、知识技能等方面的能力和品质。概括来讲，"修养"是指个体在思想、理论、道德品质和知识技能等方面所达到的水平，也指个体为达到这种水平而进行的锻炼和陶冶。所谓教师职业道德修养，是指教师为了适应教育教学工作的需要，根据教师职业道德的原则、规范和范畴的要求，所进行的自我磨炼、自我改造和自我提高的活动，以及经过道德改造而形成的职业道德品质和达到的职业道德境界。

教师职业道德修养的最直接目的是使教师按照社会主义教师道德的要求，通过积极的自我思想斗争和自我教育，不断提高自身的道德认识和选择能力，不断克服自身的一切非社会主义道德意识的影响，形成适应我国经济和社会发展需要的道德品质，并不断提高自己的精神境界。因此，教师职业道德修养的实质，就是教师在教育工作和社会生活实践中进行的自我教育、自我锻炼、自我提高的过程。

教师职业道德修养包括两个方面的内容：一是教师在仪表、谈吐、礼仪、气质等方面的学习、体验和反省等心理活动和实践活动，这是外在意义上的修养；二是教师经过长期的努力，在思想、品德、情操、知识、技能等方面所达到的职业道德水平和职业道德境界，这是内在意义上的修养。

二、教师职业道德修养的特点

（一）自觉性

高度的自觉性是教师职业道德修养最主要的特点。教师职业道德修养是一个自我认知、自我教育、自我充实和自我提高的过程，虽然外在的条件和影响必不可少，但最终还是取决于个人的自觉性。只有具备了高度的自觉性，教师才能形成坚忍的意志，进而在提高个人修养的实践过程中积极、主动地克服困难；只有把不断提高职业道德修养作为发自内心的主观能动力量，教师才会自觉地按照教师职业道德的要求，不断进行自我教育和完善。

（二）持久性

时代处于不断发展和变化之中，教师所处的社会环境和道德环境也随着时代的变迁不断发生着变化，这就要求教师职业道德的内容也必须与时俱进，以适应社会发展的要求。教师职业道德内容的这种社会性和可变性决定了教师职业道德修养的持久性。此外，良好的职业道德修养绝不是一日之功，而是长期自觉磨炼的结果。教师只有在平时的教育教学工作中持续不断地加强自身修养，才能使自己的职业道德品质达到较高的水平。

（三）实践性

教师的职业道德修养离不开教育教学实践。这是因为：首先，教师的职业道德修养只有在具体的、现实的道德实践中才能提高，否则，道德修养就是纸上谈兵；其次，教师高尚的道德情操、坚定的道德信念和良好的道德行为对学生的世界观、人生观、价值观的形成和完善发挥着潜移默化的作用，这也是教师提高职业道德修养的终极目标。

【知识链接】

新时代"四有"好老师标准

"四有"好老师是指有理想信念、有道德情操、有扎实学识、有仁爱之心的"四有"好老师，出自2014年第30个教师节前夕，习近平总书记考察北京师范大学时勉励广大师生的讲话。解读新时代"四有"好老师的四条标准：

第一，做好老师，要有理想信念

广大教师要始终同党和人民站在一起，自觉做中国特色社会主义的坚定信仰者和忠实实践者，忠诚于党和人民的教育事业。要用好课堂讲坛，用好校园阵地，用自己的实际行动来倡导社会主义核心价值观。

第二，做好老师，要有道德情操

老师对学生的影响，离不开老师的学识和能力，更离不开老师为人处世、于国于民、于公于私所持的价值观。老师是学生道德修养的镜子，好老师应该取法乎上、见贤思齐，不断提高道德修养，提升人格品质，并把正确的道德观传授给学生。

第三，做好老师，要有扎实学识

扎实的知识功底、过硬的教学能力、勤勉的教学态度、科学的教学方法是老师的基本素质，其中知识是根本基础。好老师还应该是智慧型的老师，具备学习、处世、生活、育人的智慧，能够在各个方面给学生以帮助和指导。

第四，做好老师，要有仁爱之心

爱是教育的灵魂，没有爱就没有教育。好老师要用仁爱之心拉近同学生的距离，滋润学生的心田；好老师应该把自己的温暖和情感倾注到每一位学生身上，用欣赏来增强学生的信心、用信任来树立学生的自尊，让每一位学生都健康成长，让每一位学生都享受成功带来的喜悦。

三、教师职业道德修养的主要内容

教师加强职业道德修养的内容包括提高职业道德认识、陶冶职业道德情感、坚定职业道德信念、养成良好的职业道德行为习惯这几个方面。

（一）提高教师职业道德认识

教师职业道德认识是指教师对教育劳动中客观存在的道德关系以及处理这些关系的原则、规范的认识。具有正确的认识，是进行道德意志锻炼的内在动力，是决定行为倾向的思想基础。只有具备深刻的职业道德认识，才能产生强烈的职业道德情感，形成良好的职业道德行为，增强履行职业道德的自觉性。因此，提高教师职业道德认识是加强教师职业道德修养的首要环节。

提高教师职业道德认识，主要从以下三个方面入手：

一是提高对教师职业道德价值的认识。教师职业道德修养不仅关系到教育教学工作的开展，还关系到学生的全面发展，更关系到祖国的发展和民族的未来。如果教师能够认识到自己所肩负的历史重担，认识到加强职业道德修养对于完成教育任务的重要价值，就会产生强烈的社会责任感。教师只有充分认识到职业道德修养的价值，才有可能将外在的教师职业道德要求转变为内在的需要和自觉的道德行为。

二是提高对教师职业道德规范原理的认识。教师职业道德修养的加强不是盲目的、自发的，而是有目的的、自觉的。要想加强职业道德修养，教师必须学习和理解职业道德的内涵和基本原则，掌握教师的基本道德规范，了解工作中面临的各种基本关系，以及处理这些基本关系时面临的基本问题和基本矛盾。

三是提高教师职业道德的判断能力。教师职业道德的判断能力是指教师运用职业道德规范判断自己和其他教师的行为是非对错的能力。提高教师职业道德的判断能力，有利于教师在复杂多变的环境下做出符合职业道德规范要求的道德判断和行为选择，从而增强其自身的道德自律。

（二）陶冶教师职业道德情感

教师职业道德情感是指教师在教育活动中，对于他人和自己的行为举止是否符合教师职业道德要求所产生的内在体验。

在提高教师职业道德认识的基础上，陶冶高尚的职业道德情感也是加强职业道德修养的重要内容之一。在职业道德的实践中，教师需要对自己或他人的道德行为进行评价，这种评价既包括认识上的判断，也包括情感上的好恶。教师职业道德情感是教师根据一定的职业道德观念，评价某种行为、处理相互关系时所产生的内心体验。它在职业道德品质的培养中起着重要的催化和调节作用。教师职业道德情感是教师把职业道德认识转变成职业道德意志和职业道德行为的持续动力，同时也具有评价和调节行为的作用。

在加强职业道德修养的过程中，教师努力培育的职业道德情感主要有对教育事业的追求，对学生的热爱，对同事的尊重、关爱和热情，以及自身的自尊感和责任感。

对教育事业的追求是一种高尚的职业道德情感。教育事业的发展关系到人才的培养和整个国民素质的提高，关系到民族的振兴和国家的富强。教师只有获得这种道德情感，才能把自己的命运与国家的教育事业紧密联系在一起，扎根教育，献身教育，为祖国的教育事业做出贡献。

对学生的热爱是职业道德情感中最重要的内容，它要求教师具有强烈的事业心和责任心，既要爱护每一名学生，理解、尊重和信任每一名学生，又要严格要求每一名学生。

对同事的尊重、关爱和热情，是正确处理教师之间关系的情感需要。教育工作是一项庞大的系统工程，教师个体很难独立完成对学生全面教育的任务。这就需要每一位教师加强与同事之间的团结协作，从而形成教育合力。

教师的自尊感是指由自我评价所引起的情绪体验，表现为教师的自重、自爱、自立、自信、自强、自主等。加强职业道德修养就是要激发教师的自尊感，培养教师对自己职业的自豪感、荣誉感和幸福感，让教师以自己的职业为荣，在所从事的教育事业中获得愉悦与满足。

教师的责任感是指由教师对学生乃至社会应当承担的义务和应当履行的职责所引起的情绪体验。责任感是与对教育事业的追求、对学生的热爱密切相关的一种情感。这种情感能使教师在无任何外在约束的情况下，凭借自己的责任心自觉履行教书育人的职责。

（三）坚定教师职业道德信念

道德信念，是人们对于某种人生观、道德理想和行为准则的正确性和正义性深刻而有根据的笃信，以及由此产生的对于践行某种道德义务的强烈责任感，它是深刻的道德认识和炽热的道德情感的有机统一，具有稳定性、持久性和一贯性的特点。有了坚定的道德信念，也就有了精神支柱，人们不仅能够按照自己所信仰的道德要求去评价他人行为和自己行为的是非善恶，而且能够坚定不移地按照自己所信仰的道德要求去自觉履行各种道德义务，完成各种道德使命。

教师职业道德信念是教师对职业规范和要求的正当性、合理性等发自内心的坚定信心。教师作为一种独立的社会职业，是人类不断走向更高层次文明的重要桥梁，教师职业无论对于同时代人的进步，还是对于教师个人的完善而言，都是重要而光荣的职业。作为一名教师，只有认识到、体验到自己所从事的工作的重要和高尚，意识到自己肩上担负着祖国和民族的未来，才能树立献身教育事业的坚定信念，从而做到不论遇到多么大的困难，都能始终不渝，为培养一代新人而默默地奉献自己的一生。

确立坚定的教师职业道德信念，是提升职业道德修养的核心问题。教师职业道德信念是教师对职业理想、职业人格、职业原则、职业规范的坚定崇奉，是深刻的职业道德认识、炽热的职业道德情感和顽强的职业道德意志的统一，是教师把职业道德认识转变为职业道德行为的媒介和内驱力。教师的职业道德信念一旦确立，其道德行为和道德观念的一致性就不可动摇。

教师职业道德信念决定着教师行为的方向性和目的性，也影响着教师职业道德水平。它是教师职业道德品质的核心要素，是教师按照职业道德的准则要求忠诚地履行道德义务的深层次依据，也是职业道德行为能够坚持下去的重要保障。

教师要想确立坚定的职业道德信念，就必须对教师职业道德的观念、原则、规范和理想的正当性和合理性具有深刻的理解和认识，并由此形成强烈的道德责任感。教师一旦形成了职业道德信念，就会坚持按照信念来开展教育活动。因此，加强职业道德修养，必须坚定教师职业道德信念。

（四）养成良好的教师职业道德行为习惯

让教师依靠职业道德信念自觉地选择职业道德行为并养成职业道德习惯是加强教师职业道德修养的最终目的。教师职业道德行为是教师在道德观念、道德情感、道德意志和道德信念的支配下所采取的行动。要想培养职业道德行为习惯，教师不仅要有职业道德意识上的修养，还要用实际行动去践行职业道德，唯有如此，才能巩固和发展职业道德意识，进而养成良好的道德行为习惯，形成优良的职业道德品质。

职业道德行为习惯的养成一般分为两个阶段。在第一个阶段中，教师要在良好的职业道德动机、坚韧的职业道德意志和坚定的职业道德信念的基础上，掌握相关的行为技能和合理的行为方式。在第二个阶段中，教师要通过长期的实践，将已经掌握的职业道德行为方式熟练化、习惯化，即教师在教育教学活动中能自觉地实施合理的职业道德行为。这也是教师职业道德行为习惯的养成过程。

总之，提升教师职业道德修养的过程就是从提高职业道德认识到养成良好的职业道德行为习惯的实践过程。在这个过程中，提高职业道德认识是进行职业道德修养的前提和基础；陶冶职业道德情感和锻炼职业道德意志是把职业道德认识转化为职业道德行为习惯的媒介；确立职业道德信念是加强职业道德修养的关键；养成良好的职业道德行为习惯是职业道德修养的结果和归宿。

四、教师职业道德修养的基本原则

教师职业道德修养不仅是一个理论问题，而且也是一个实践问题。在进行教师职业道德修养时应当遵循一定的原则，并使其成为教师行为的准则。

（一）坚持知行相结合的原则

"知"是加强职业道德修养的前提，即教师对职业道德的认识及在这一基础上形成的观念等。"行"是加强职业道德修养的目的，即教师根据对职业道德的认识调整自己的日常行为，使之符合职业道德要求。坚持知和行统一，就是要把学习职业道德理论、提高职业道德认识同自己的行动统一起来，使理论与实践相结合。

教师的职业道德观念不是自发产生的。教师只有掌握了职业道德的基本常识、基本原理，懂得了什么是人民教师应当具备的职业道德，为什么应当具备这些道德品质等，才能提高对职业道德的认识，进而形成职业道德观念，从而为加强职业道德修养提供科学的理论指导。因此，教师要不断地学习职业道德理论，从而不断激发出职业道德情感，增强自身的职业道德意志和信念，为形成良好的职业道德打下基础。实践证明，教师关于职业道德修养的理论越正确、越全面、越深刻，按照职业道德原则和规范去行动的自觉性才会越强。

但是，如果只学不用、只说不做或者言行不一，那么加强教师职业道德修养只会是一句空话。因此，教师要努力实践职业道德理论，按照职业道德原则和规范调整自己的行为。且教师职业道德水平的高低也主要是通过其行为表现出来的。因此，只有坚持知和行的统一，教师才能真正获得自身职业道德水平从低到高的转变。

（二）坚持自律和他律相结合的原则

所谓自律，是指教师依靠内心信念对自己的职业道德行为进行选择和调节。所谓他律，是指学校、社会等利用各种制度、规范和奖惩手段等对教师的职业道德行为进行调节和控制。自律和他律的关系，实质上就是内因和外因的关系。

自律既是教师职业道德修养的基本要求之一，也是对教师道德意志的考验。自律以责任心、使命感、人生理想和价值为基础。作为教师，自律水平的高低，反映其职业道德水平的高低。他律则是由外在因素决定主体意志的道德准则，是一种外部监督机制。他律既包括相应制度的约束、道德教育的作用，也包括社会舆论的压力等。他律具有一定的被动性和强制性，但教师个体道德发展是不可能没有或跨越他律的。

对于教师的职业道德修养问题，我们首先应看到，纪律约束、舆论监督、法律的强制力以及道德教育只是师德修养的外部条件，是由外在因素决定教师意志，具有一定的强制性和被动性，强调他律是作为教师进行师德修养的一种外在动力。例如，当教师个人利益与他人利益、集体利益、社会利益发生冲突时，一方面教师的内心信念及价值观会促使教师做出正确选择；另一方面外在的制度约束、舆论监督的力量也会对教师的行为产生约束作用。所以在教师个体道德修养过程中，他律的灌输是非常必要的，会帮助教师逐渐地由被动接受转化为主动内化，完成由他律到自律的转变。其次，自律作为教师职业道德修养的内在动力，是由他律进行道德升华的结果。师德修养的自律性能够促使教师在教育教学工作中处处严格要求自己，事事率先垂范，自觉履行教师职责，同时会使教师从内心感到满足与欣慰，并产生一种持久的力量和信心去维持这种行为。由此可见，在教师职业道德修养中，必须坚持自律与他律的统一。

（三）坚持动机和效果相统一的原则

动机是想问题、做工作、办事情的出发点和起点，效果是动机的落脚点和归宿。具体来讲，动机是激发和维持人们的行动，并使行动导向某一目标的心理倾向或内在驱动力。效果是人们的行动所产生的客观结果和后果，是人们行为的客观记录。

动机是人的行为的思想动力，离开动机，就不会有行为的发生，也就谈不上效果。效果反映一定的动机，动机本身就包含着对一定效果的追求并指导行为达到一定的效果。也就是说，动机是尚未实现的效果，而效果是现实化了的动机。因此，动机和效果是相互依存、相互转化的。

教师加强职业道德修养同样是动机和效果相互依存、相互转化的过程。教师加强职业道德修养的动机来自对社会、对职业、对学生的责任感，来自对加强职业道德修养的意义和作用的理解。当教师通过这些认识和理解有了加强自身职业道德修养的迫切需要和强烈欲望时，也就是形成了加强职业道德修养的内在动机。教师要真正担负起为人师表、教书育人的职责，还必须把这些内在动机转化为行动，即用教师职业道德规范自己在工作和生活中的言行，以达到预期效果。

教师在职业道德修养的过程中，必须坚持动机和效果相统一的原则。坚持动机和效果的统一的原则，就是要求教师不断地进行职业道德理论和知识的学习，加深对加强职业道德修养意义和作用的理解，以不断增强内在动力；同时要善于通过各种方式，把动机转化为客观的、外在的、现实的实际行动效果。

（四）坚持继承和创新相结合的原则

中华民族历来十分重视道德修养，从先秦时期倡导的"克己""养心""慎独"，到强调"正心""诚意""修身""齐家"。从古至今，一批又一批甘于清贫、默默奉献的教师们，正是以这种高尚的德行，为自己的学生做出表率，服务于社会。

现在我们面对现代社会的巨大变迁，传统精神遭遇现代观念的巨大挑战。在改革开放的形势下，我们如何继承和弘扬先哲师德的优秀传统，构建现代教育的师德体系，使教师职业道德与时俱进，是当前教师职业道德建设的当务之急。

因此，在进行教师职业道德修养时，要始终坚持继承优良传统与弘扬时代精神相结合的原则。既要继承中华民族几千年形成的师德传统，又要积极借鉴世界各国师德建设的成功经验和先进成果，使教师职业道德修养既体现优良传统，又反映时代特点，始终充满生机与活力。

（五）坚持个人和社会相结合的原则

个人是指一个群体中特定的主体。社会是指以一定的物质生产活动为基础而相互联系的人类生活共同体。

在教师加强职业道德修养过程中，个人与社会是相互作用的。教师职业道德修养首先是一种自觉意志的行为过程，是教师遵循一定的道德准则，凭借自觉意志控制和处理感情与行为的结果，是教师个人自觉意志的凝结。同时，教师加强职业道德修养又离不开社会舆论的评价和监督。社会在职业道德上对教师提出了很高的要求，这就为教师加强职业道德修养提供了外在的动力和努力的方向。由此可见，若离开社会，则教师加强职业道德修养会失去了方向；若离开个人，则社会提出的教师职业道德要求会因为缺乏接受者和践行者而落空。

因此，教师在加强职业道德修养的过程中，要把个人与社会结合起来，把自我价值与社会价值结合起来，既要了解社会、研究社会，以社会需要为目标，用社会对教师职业道德的要求来检点自己，也要自觉提高认识，努力践行，以提高自身职业道德品质，实现自身价值。此外，社会要尊重教师的身份和地位，给每个教师提供加强职业道德修养的场所和机遇等客观基础，并通过良好的舆论、评价等方式促使教师职业道德的升华。

【案例】

近看远行的孙维刚

在北京八宝山革命公墓，数千人在寒风中排起了长队，为一位普普通通的人民教师护送最后一程。这位让千百万人记住了他的名字的教师，就是孙维刚。孙维刚是全国著名数学特级教师、中国数学会理事、全国人大代表、北京市首批有突出贡献专家、国家数学奥林匹克首批高级教练，曾被评为"北京市十大杰出教师""北京市模范班主任""全国十佳师德标兵""全国十佳职业道德标兵""全国先进工作者"等。

孙维刚生前是北京市第二十二中学的一名普通教师，他最高的"职务"就是班主任。就是这样一位普通教师，创造出了令人称奇的育人成绩。

经过长期的探索、反复的实验和比较研究，孙维刚进行了三轮半从初一到高三六年一循环的教学教育改革实验。前三轮实验班的学生，其高考成绩一届比一届出色：第一轮实验班除一人外，高考全部上线；第二轮实验班的40人中，有15人考入北京大学或清华大学；第三轮实验班的40人中，有22人考入北京大学或清华大学。更重要的是，实验班的学生考入大学后，有相当数量的学生当了班干部，拿了奖学金，而且绝大多数继续攻读了硕士、博士学位。尽管这些学生升入初中时各方面的发展都比较一般，但经过孙维刚6年的培养，不论是在大学里，还是毕业走上工作岗位后，他们都是全面发展、备受称赞的。

孙维刚的学生吴韦山说："开学那天我才知道，对于学生来说，有比学习更重要的事情，那就是品德的培养。"学生王一说："许多人知道孙老师书教得好，但不知道孙老师将更多的心血花在了指导学生的人生方向和完善学生的健康人格上。"

孙维刚认为，学校德育的诸多环节中，班主任最关键，发挥的作用最大。正因如此，孙维刚当教师40年，兼教过地理、历史、物理等多门学科，唯一没有间断的就是教数学和当班主任。有人说，当班主任不就是抓学生的学习成绩嘛！孙维刚说，这种认识和做法，背离了"德育第一"的原则。而且，若只停留在这一层面上，则学习也抓不好。

有的班主任认为抓纪律是班主任的主要任务。孙维刚认为，良好纪律的基础是高尚的品德。不从这里入手，只会一波未平一波又起。所以，在孙维刚看来，德育工作才是班主任首先要抓的事情，而且是要全力抓好的大事。

如何做好班主任工作？"请家长"是某些班主任惯用的一招，但孙维刚认为这实乃愚蠢之举。"我是没有办法管你的孩子了，只好请你出山了。"这不是向学生和家长宣告自己无能吗？"训家长"也是某些班主任经常采用的手段。孙维刚认为，这更是把家长推向了对立面。孙维刚做好班主任工作靠两大法宝：一是建立一个和谐的班集体，二是开好家长会。

学生历程远还记得，在一次数学测验中，他得了班里唯一的满分。但卷子发下来后，他才发现少扣了一分。谁不想拥有这个满分呀！但是他主动找孙老师减去了一分。因为，诚实、正派、正直之风已经深入全班每个孩子心中。在孙维刚的班上，即使在考试时无人监考，也不会有一个学生作弊。

"诚实，正派，正直；树立远大理想，为人民多作贡献；做有丰富感情的人，要因为有我来到这个世界上，别人才会生活得更幸福。"这既是孙维刚的建班原则，也是他的育人原则，更是他的做人原则。

如何建设一个良好的班集体？孙维刚爱引用的一句话是："浇菜要浇根，教人要教心。"孙维刚是这样"教"的：只要不外出，他基本上每天都要参加值日扫除；大扫除时，他会到厕所干拧墩布的脏活儿；学生患病时，他亲自送学生上医院；他做错了事或哪怕心里错怪了谁时，都会在全班面前检讨……他的言行和他对孩子们的真诚将高尚的品德教到了学生的心上！

有了这样的榜样，就不难解释，为什么每逢捐款捐物，孙维刚所带班级的学生都非常踊跃；全校大扫除时，阅览室、实验室的扫除工作都让他所带班级的学生领走了，而且他们的大扫除工作干得十分漂亮。在每个寒暑假，他班上的学生会抽出两天时间到教育局仓库把全校师生的新课本、练习册等搬回学校。此外，班里学生之间互相帮助的事情更是不胜枚举。

　　无论走到哪里，孙维刚介绍自己时总是说："我叫孙维刚，北京二十二中的数学教师、班主任。"言语中带着一分坦然，一分自豪。

　　远行的孙维刚，微笑永存，精神永驻。

第二节　教师职业道德修养的途径和方法

一、教师职业道德修养的途径

　　尽管提升教师职业道德修养的途径因人而异，但一般都包括加强自身的理论学习、虚心向他人学习、投身道德实践和加强道德自律等。

（一）加强理论学习

　　首先，教师要通过认真学习理论知识，树立正确的世界观和人生观。教师高度的职业道德觉悟是以正确的世界观、人生观、价值观和职业理想为指导的。也只有确立科学的世界观、人生观、价值观，才能坚定不移地热爱社会主义祖国，热爱人民教育事业，把教育和培养好学生、为教育事业作贡献看作人生最大的幸福和快乐。

　　其次，教师应在理论学习中深刻理解教师职业道德的要求，增强遵守职业道德规范的自觉性。教师职业道德的规范和要求，是社会道德在教师职业活动中的具体体现。教师要想将职业道德要求转化为自己的内心信念，就必须经过一个自觉学习、接受教育的过程。有的教师违背职业道德要求，并不是有意为之，而是因为对遵守教师职业道德规范和要求的必要性、重要性缺乏了解和认识。

　　最后，教师应当通过学习教育科学理论和丰富的科学文化知识，掌握教书育人的本领。通过学习教育科学理论，教师不仅能掌握教育规律，更好地履行教书育人的职责，还能进一步明确自己在教育教学中的主导地位。这可以促使教师进一步严格要求自己，加强职业道德修养。

（二）注重道德实践

　　实践是教师修养理论产生的源泉。教师的知识、才能只有通过实践，特别是教育教学实践才能形成和发展。俗话说，实践出真知，全国著名的特级教师斯霞从一个什么不懂的农村小姑娘，经过几十年自强不息的艰苦磨炼，成为享誉全国的著名教育家的例子就是证明。教师通过各种方式和各种途径获得的理论知识和师德要求，只有通过自身的实践活动转化为自觉的行为，才是完成修养的全过程，而教师的教育实践活动是他们每天都在进行的最基本的实践活动。

　　加强师德修养，关键在实践。它是检验师德修养的标准，是推动师德修养水平不断提高的动力，也是教师师德修养的目的和归宿。教师在教育实践中，一方面教育学生，塑造学生灵魂；另一方面又在改造自己。在实践过程中，教师原有的修养水平与教育教学工作需要不相适应时，就需要进一步提高修养水平，去达到新的适应。但适应总是相对的、暂时的，不适应则是绝对的，教师必须通过不断加强修养，才能使自己的修养水平不断适应教育教学工作新的需要，这种适应—不适应—适应，一直往复无穷，构成了事物内部的矛盾运动，是推动教师提高修养水平的根本动力。

注重实践，第一，要理论联系实际，做到学习和实践的辩证统一。即根据教育教学实践需要学习教师修养理论，坚持在实践中学习，同时在教师修养理论的指导下有目的地进行教育教学实践。第二，要有勇气敢于实践。俗话说，"万事开头难"，这里既有开头缺乏经验的意思，也有缺乏勇气的意思，但归根结底是勇气，因为经验来自实践，而只要勇于实践，经验终究是可以获得的。"千里之行，始于足下"，我们一定要勇敢地迈开第一步，并且一步一个脚印地去大胆实践，才能获得真知。第三，提高教师修养要从一点一滴、一言一行抓起，对任何微小的有损教师形象的缺点错误都要认真改正，用教师的道德行为规范严格对照和要求自己，真正做到为人师表。第四，要持之以恒。教师修养是无止境的。修养是一个长期的、刻苦磨炼的过程，需要有坚强的意志、坚韧不拔的毅力、持之以恒的精神。教师只有在长期的实践过程中，经受无数次成功的激励和失败的考验，才能逐步形成百折不挠的坚强意志，这种意志既是教师进行修养的条件，也是教师修养的重要内容。教师应做到生命不息，修养不止。

（三）促进道德自律

加强道德自律是指教师将职业道德规范自觉内化为道德法则并自愿约束自己的行为，使自己的行为符合职业道德规范的要求。个体惧怕受到惩罚或期待获得奖励，为了得到他人的赞誉及羞于受到他人的指责，都是他律产生作用的表现，说明个体处于他律的道德水平。而在自律的道德水平上，教师依靠良心来调节自己的行为，并能够自觉主动地评判与选择道德行为，不再被动地受制于外在的道德评价。

此外，内省和慎独也是加强道德自律的重要途径。所谓内省，是指在内心省察自己的思想、言行有无过失。内省是依靠人的自觉性来约束言行的，不自觉或自觉性不高的人难以实施真正的内省。所谓慎独，是指一个人在独处的时候，即使没有人监督自己，也能严格要求自己，自觉遵守道德准则，不做任何不道德的事。教师的劳动特点具有极强的自主性与独立性，若没有慎独的修养，是难以做好教育教学工作的。

（四）虚心借鉴学习

虚心向他人学习、自觉与他人交流是加强教师职业道德修养的良好途径。

首先，教师应从老一辈的教育家那里汲取思想的营养。他们有热爱祖国、热爱人民、热爱教育事业的高尚情感，有关爱学生、钻研知识的可贵品格，他们为人民教师留下了宝贵的精神财富。教师学习他们的优秀品质，能够使自己的职业道德境界得到升华。

其次，教师应向优秀的同行学习。同行的教育实践及先进事迹，体现了新时代教师职业道德的崭新特点，是教师职业道德理论的具体化表现。教师了解他们的感人事迹，学习他们的先进思想，能够有效地提高自身的职业道德认识，激发自身的职业道德情感。

最后，教师还应虚心地向学生学习。教师要善于发现学生身上的优良品质，诚心诚意地向学生学习，汲取精神营养。

在加强教师职业道德修养的过程中，教师还要注意汲取社会生活中一切有用的养料。在社会主义现代化建设的过程中，各行各业都涌现出许许多多的优秀人物。他们的优秀事迹与优良品德都是具有新时代特征的品质精华，能为教师加强职业道德修养提供借鉴。

二、教师职业道德修养的方法

（一）致知

"致"就是到达，"知"就是认识各种伦理道德规范。"知"提供了道德修养的一个文化要素与文化环节，"致"提供了道德修养与"知"相匹配的一个具体目标和途径。"致知"的基础是"格物"，即探究物理，厘清各种伦理要素，摆正各种伦理关系，以寻找、确立自己的位置。"致知"是"格物"的结果，致知是个体通过深入地明伦察物，深刻认识和把握各种伦理道德规范的过程。因此，教师进行师德修养必须"致知"，即明伦察物，学思结合。致知是培养趋善避恶的道德意向及情感，从而选择恰当职业行为的重要前提。

苏格拉底认为：美德即知识，美德出于有知，知识是一切德行之母。孔子认为：有德必有言。就是有道德的人一定能说出有道理的话。教师在提升自己师德修养的过程中，要善于学习，思考人生哲理和做人的道德，准确地理解职业道德规范的内在合理性，恰当地把握好自己在教育劳动中的伦理位置。

（二）内省

实践证明，内省是推动教师职业道德从他律迈向自律的十分重要的方法，它能推动个体道德较快地发展进入自觉乃至自由的阶段。内省是一种互动性的自我教育，它能调动个体对教师角色的省悟性，进而使之对职业道德规范有较全面、客观、深入的认同，使职业道德情感趋于生动、深刻，使职业道德的作用显著增强。

首先，要以马克思主义的理论和教师职业道德理论作为尺度来对照自己的认知，清洗自己的思想，自觉抵制消极思想的影响，战胜自己头脑中旧道德的残余。其次，要进行"实践对照"，即通过对自己行为的实践后果的考察来对照，对的就坚持，错的就改正。最后，要进行"榜样对照"，即以先进人物和优秀教师的思想和言行进行对照，发现自己的差距，追求高尚的师德境界。

一个人正确的思想意识、高尚的道德品质的形成，需要在实践中常思己过，严格地剖析自己、分析自己、评价自己，做到自知之明，有则改之，防微杜渐，将不良的思想苗头消灭在萌芽状态，及时纠正错误。只有坚决改正自己思想、道德和行为上存在的问题，才有可能在实践中不断改造和完善自我。在今天，仍需用正确的思想理论、科学的人生观和优秀的人生楷模的典型实例为准则，对照自己的世界观、人生观、价值观、心理和行为方式，深刻体验自我内心的真、善、美和假、恶、丑，辨明是非，常思己过、剖析自己、驱邪扶正，才能不断进步。

（三）慎独

慎独作为教师职业道德的修养方法，首先，是由教师的工作性质决定的，教师是专业工作者，有独立处置教育事务的责任和权力。如果没有慎独的境界，很容易做出违反师德的行为。其次，是因为教师道德成长的真实水平，只有在"独处"的情况下，才能真实完善地表现出来。从这个意义上说，这种"独处"的情境，是教师通过内省和自我反思的方式寻找自己的道德发展缺陷，从而有针对性地调整道德发展状态的最佳时机。"慎独"可以通过自我约束、自我监督，更好地培养、锻炼坚定的职业道德情感、意志和信念，养成良好的职业道德行为习惯；作为崇高的教师职业道德境界，"慎独"标志着一个教师的职业道德修养已达到高度自觉的程度。

慎独是对人自律意识的培养，是道德修养的一种有效方法。它主要依靠教师在教育教学实践中所形成的内心信念来支配自己的行动，是衡量一个教师道德觉悟和思想品质的试金石。教师所从事的劳动基本上是个体性劳动，因此教师在进行职业道德修养中更应当把慎独作为一种十分有效的修养途径。这种方法能避免社会生活中的双重人格、两面行为。

（四）躬行

从师德发生与发展的规律看，教师只有在师德实践中才能真正面临与个人切身利益和工作绩效密切联系的道德冲突。社会所要求的师德规范是否为教师个人所认同，教师个人在处理师德问题时获得了何种情绪体验，道德意志是否坚定，只有在道德行为中才能获得检验，尤其是在处理师生之间、教师之间、教师与家长及教师与社会其他成员之间的关系中，才能认识到自己行为的是与非，才能辨别真、善、美，才能修炼自己良好的教师道德品质。

躬行就要在实践中防微杜渐，积善成德。一个人形成高尚的道德品质不是一蹴而就的，它是一个不断积善成德，需要日积月累，由量变到质变的渐进过程。"勿以恶小而为之，勿以善小而不为"，道德修养的提高，必须从日常生活细节入手。这就要求教师必须从点滴做起，道德修养的效果才能如积小流而成江河，通过受教育者日积月累的道德行为从而促进教师职业道德的养成。

【思考练习】

1. 简述教师职业道德修养的内容？

2. 教师提升教师职业道德修养应遵循哪些原则？

3. 简述提升教师职业道德修养的途径和方法？

第五章　教师职业道德教育

【名人名言】

我们做教师的人，必须天天学习，天天进行再教育，才能有教学之乐而无教学之苦。

——陶行知

【学习目标】

1. 理解教师职业道德教育的概念和过程。
2. 掌握教师职业道德教育的原则和方法。
3. 掌握教师职业道德教育的特点和意义。

【内容提要】

教师职业道德建设是教师队伍建设的根本性问题，随着社会的转型和教师队伍的不断更替，教师职业道德教育越来越受到重视。2012 年 8 月，《国务院关于加强教师队伍建设的意见》明确提出"要建立师德建设的长效机制"。为落实这一要求，《教育部关于建立健全中小学师德建设长效机制的意见》明确提出"将师德教育纳入教师教育课程体系。师范生培养必须开设师德教育课程，新任教师岗前培训开设师德教育专题，在职教师培训把师德教育作为重要内容，记入培训学分"。

【课程导入】

某学校一位实习教师，教数学课。他上课很有趣，但对学生很严格，如果有学生上黑板演示题目做不出题，就会骂人。最严重的一次是，一个学习不好的男同学被教了好几次还是做不对，他一怒之下就把人家的头往黑板上撞，用非常粗俗的话骂他。那个男生受不了这样的刺激，最后厌学，不肯再读书了，最终辍学。

试运用所学的教师职业道德知识对这一事件进行分析。

第一节 教师职业道德教育概述

一、教师职业道德教育的概念

"教育者先受教育"。加强教师职业道德教育是提高教师职业道德素质的必然要求，是把教师职业道德规范转化为教师职业道德品质过程中的一个必要环节。它可以不同程度地影响教师的生活目标、道德理想、道德标准，也可以直接影响教师的兴趣、爱好、情操，乃至影响他的全部个性品质。能否将作为社会意识组成部分的教师职业道德转化为教师的内心信念并且遵行不悖，不仅是教师队伍建设中的一项重要内容，而且事关整个教育事业的发展和社会主义现代化建设的全局。

对于教师职业道德教育的重要性，人们很早就有所认识。从亚里士多德、昆体良到夸美纽斯，从孔子、王守仁到陶行知、蔡元培，古今中外许多著名的教育家都采取言传身教的形式对为人师者进行师德教育，为后世留下光辉的典范。千百年来，"为人师表""学而不厌，诲人不倦""以身作则""以身立教"等教师职业道德的优良传统代代相传，受到社会赞扬。

教师职业道德教育，是指党和政府、教育行政管理部门、师范院校及师范培训机构、学校领导按照一定社会的要求，有目的、有计划地对在职教师及在校师范生施加系统的职业道德影响，使他们遵循教师职业道德规范、自觉履行教师应尽的义务，养成良好的职业道德品质的活动。教师职业道德教育是一个长期、复杂和动态发展的过程，需要遵循教师职业道德教育的客观规律，采取科学的教育方法，以实现知、情、意、行各方面的协调统一。

二、教师职业道德教育的过程

教师职业道德教育的过程是根据社会对教师职业道德的要求和教师思想品质（尤其是职业道德品质）形成的规律，对教师有目的、有计划地施加教育影响，使其逐步具备教师职业道德素养。对教师职业道德教育过程，可以从以下几个方面加以理解。

第一，教师职业道德的形成是道德方面的知、情、意、信、行由简单到复杂，由低级到高级，由量变到质变的矛盾运动过程。它是在教师与社会之间经济的、政治的、思想的、文化的、道德的关系中，通过家庭、学校、社会等各方面的综合影响而形成的。同时也是在认识和实践活动的基础上，有目的地对教师施以教育影响，通过教师心理内部矛盾，将外界教育影响转化为内部动力，并选择一定的行动方式，然后又通过教育实践表现为实际言行，经过多次重复，形成习惯。教师职业道德教育正是促使习惯形成的重要因素。教师职业道德教育和职业道德形成的关系，属于教育和发展的关系。

第二，教师职业道德教育是教育者对受教育者施以有目的的影响过程。教师职业道德教育过程的基本矛盾是社会对教育工作者提出的师德要求与规范和教师师德状况之间的矛盾。此外，由于教育活动使教师职业道德教育各要素之间发生相互联系，从而形成了师德教育过程内部的一些矛盾，如教育者与受教育者的矛盾，教育者与教育内容、教育方法的矛盾，受教育者与教育内容、教育方法的矛盾。这些矛盾归根到底是社会矛盾即社会对教师的师德要求与教师现有师德水平之间矛盾的反映。组织师德教育过程就是要研究和处理好这几个方面的矛盾，使教育者、受教育者、教育内容和方法之间取得最佳的配合，以获得理想的教育效果。

第三，教师职业道德教育是教师职业道德个体化的过程，是使受教育者形成完整的品德结构的过程。教师职业道德教育的目标与教师师德现状的矛盾表明，教师职业道德教育过程就是要使教师形成和具备社会所需要的教师道德，这本质上是一种有目的的或有选择性的道德的社会传递与个体道德体验相统一的过程。有目的地促使教师道德个体化，也就是要有目的地形成教师完整的品德心理结构。它是有关道德的认识、情感、意志、信念和行为习惯按一定的方式有机组合而成的。其中一定的道德认识和道德情感成为推动教师个人师德行为的内部动力时，便构成教师道德行为动机。在品德结构中，动机体系处于中心，当品德结构中知、情、意、信、行各方面都得到相应的发展，特别是当一定的教师道德动机和一定的教师道德行为方式之间形成了稳固的联系时，某些道德品质便很好地形成起来。从某种程度上讲，道德品质主要是稳固的动机和与其相对应的稳固的道德行为方式的统一体，在教师职业道德教育过程中，既要充分重视受教育者道德动机的形成，又要充分重视教师道德行为方式的督导与训练。

第四，教师职业道德教育过程运动、发展、变化是有规律可循的。教师职业道德教育过程遵循着一定的客观规律，即教育与发展相统一的规律、认知活动与表现活动相统一的规律、教育和自我教育相结合的规律，以及师德的形成是长期塑造和改造过程的规律等。认识和掌握这些规律，按照规律设计、组织、开展和管理师德教育活动，是提高教师职业道德教育科学性、有效性的根本保证。

【知识链接】

好教师的十二种素质

一、友善的态度。"他必须喜欢我们。要知道，我们一眼就能看出他喜欢还是不喜欢教书。"

二、尊重课堂内每一个人。"老师应对我们有礼貌。我们也是人。"

三、耐心。"老师，请您耐心地听听我所提出的问题。在您听来也许可笑，但只要您肯听我，我才能向您学习听人。"

四、兴趣广泛。"她带给我们课堂以外的观点，并帮助我们去把所学到的知识用于生活。"

五、良好的仪表。"我立刻就喜欢他了。他走进来，把名字写在黑板上，马上开始讲课。你能看得出他是熟悉教学工作的。他衣着整洁，事事都安排得有条不紊。""她长得并不漂亮，但整节课瞧着她，我没什么反感。她尽力使自己显得自然。"

六、公正。"老师，只要您保持公正，您对我尽量严格。表面上即使我反对严格，但是我知道我需要您严格。"

七、幽默感。"他讲课生动风趣，幽默活泼，听他的课简直是一种享受。"

八、良好的品性。"我相信她与其他人一样会发脾气，不过我从未见过。"

九、对个人的关注。"老师只和好学生谈话，难道他不知道我也正在努力吗？"

十、伸缩性。"老师，请您记得，不久之前您也是学生，您是否有时也会忘带东西，在班上您是否样样第一？"

十一、宽容。"她装着不知道我的愚蠢，将来也是这样。"

十二、有方法。"忽然间，我能顺利完成我的作业了，我竟然没有察觉这是因为她的指导。"

——美国教育家保罗·韦地

第二节　教师职业道德教育的原则和方法

一、教师职业道德教育的原则

师德教育的原则是教育者在进行师德教育时必须遵循的基本要求，是教育者在师德教育过程中处理一些带有普遍性和基本矛盾关系的准则。师德教育是一项极为复杂而细致的工作，是一个充满矛盾的过程，只有科学地、正确地处理师德教育过程中普遍存在的多方面多层次的矛盾和关系，才能取得预期的效果。师德培养原则就是正确处理师德培养过程中一系列矛盾和关系的基本要求和基本准则。具体内容主要有以下几点。

（一）引导性的原则

这一原则主要是从师德教育的他律性特点出发的，师德规范于教师个体而言，毕竟是一种外在的客观要求，需要通过教育使受教育者懂得这些规范之所以重要的道理。职业道德教育解决的是人的精神世界的问题，而解决思想问题不能采取简单粗暴强制的办法，只能通过循循善诱，使受教育者明白事理，转变情感，达到心悦诚服。通过摆事实、讲道理、启发引导提高受教育者的认识水平，形成正确的是非观念。在具体的教育中，教育者要从受教育者的实际出发，阐明道理，并给以具体的引导，使受教育者明确是非、善恶、美丑的标准，在心目中树立起正确的师德观念，提高自己的师德素养。

（二）认知与实践相结合的原则

这一原则是指在师德培养过程中，教育者既要重视对受教育者进行系统的理论教育，提高他们的认识水平，又要引导受教育者运用理论知识去观察分析问题，指导自己的行为，以便把理论和实践、知和行统一起来。这一原则反映了师德培养过程是培养受教育者知、情、意、行的过程和师德是在活动和交往中形成和发展的客观规律。其中，要把系统的、正确的理论知识作为基础，把提高受教育者的认识作为前提，并要通过各种实践活动，促使受教育者的职业道德认识能真正转化为职业道德行为。

（三）差异性的原则

从构建教师职业道德教育的全生涯模式出发，这一原则首先指出师德培养工作必须依据不同年龄阶段的受教育者生理、心理及品德形成的规律来进行，要通过全面深入地了解，真正掌握受教育者各方面发展的实际情况和特点，有针对性地进行教育；其次，还要注意到受教育者的不同特点，有针对性做好个别教育，重视解决个别性问题。只有充分注意到职前、在职教师师德养成的差异性，师德培养工作才能切实有效。

（四）连贯性的原则

这一原则反映了师德养成过程是长期的、反复的逐步提高的过程。影响师德形成和发展的因素是广泛的，具有社会性，是学校、家庭、社会多方面综合影响的结果，如果各方面的影响不连贯、不一致，必然会影响师德素养的形成。另外，师德的形成与发展具有顺序性和阶段性，是一个前后连贯的完整过程，这就要求各阶段在总体方向上要一致，在内容、方法上要互相连接，系统连贯。

二、教师职业道德教育的方法

教师职业道德教育的方法是灵活多样的，但必须符合教师道德形成的特点和受教育者的实际情况。

（一）说理疏导法

所谓说理疏导法是指在教师职业道德教育中广开言路，循循善诱，说服教育，引导受教育者不断提高自己的道德觉悟，以求得道德进步的方法。

说理疏导法包括讲授、报告、谈话、讨论、辩论、阅读书籍报刊等形式。讲授和报告主要是教育者的单向影响，可以系统地论述道德问题；谈话包括教师集体谈话与教师个别谈话两种，通过教育者与教育对象的双向交流进行。道德问题的讨论和辩论是指在教育者指导下，教育对象围绕某个教师道德主题，通过交流看法，共同分析探讨问题和通过对不同观点的争辩、论证，共同提高认识。阅读书籍报刊则是教师利用书面语言进行道德的自我教育。

运用说理疏导法应遵循以下基本原则：首先，要以理服人。教育者所讲述的道德理论必须是符合客观事实与规律的道德学说，这是说理疏导的前提。其次，要讲究针对性。教育者要根据教师的道德情况，不同类型、层次，因人制宜地进行说理疏导。再次，要尊重教师的人格。教育者要把教育对象放在平等的位置上，发扬民主，以平等的态度进行双向交流。最后，要研究运用说理疏导的艺术。教育者要运用生动、具体的语言去说理，要深入浅出，将比较深奥的教师道德理论讲得深入浅出，富有感染力和说服力。

（二）榜样教育法

榜样教育法是用模范人物和先进典型的事迹对教师进行道德品质方面的教育，是一种实际、生动、形象的教育方法。特别是青年教师在自身的成长过程中，总是喜欢敬仰、崇拜和模仿一个或几个模范人物，这些榜样对他们具有很大的吸引力和感染力。人们常说"榜样的力量是无穷的"，因为榜样是一面镜子，对照它可以看到自己的不足，从而及时纠正自己的缺点；也可以看到自己的成绩和优点，增强自己前进的信心。在榜样教育中，要注意以下几点。首先，为教师树立的榜样应是一个多种模式的榜样群，而不是单一的模式，它应包括古今中外教育界的典范人物及其职业道德实践中的典型事例。当然，在某一时期，可以配合某项工作的开展着重宣传某一个先进典型人物，但不要忘记这只是榜样群中的一个。其次，为教师树立的榜样应有可接受性。只有全国的先进典型还不够，应提供本地区、本单位的榜样，还应尽量注意榜样的年龄层次，使各类型的教师都有自己学习的榜样。最后，在为教师树立榜样时，必须注意真实性。宣传先进人物，要使人们看到他们确实有高尚的道德行为，说起来服气，学起来愿意。不要人为地拔高和神化榜样，不要塑造人们学习不了的"天才"的道德模范。

当然，我们使用正面教育为主时，也不排斥使用反面典型。反面典型反映落后的、错误的教师道德思想和行为，在教师中产生消极影响和对社会产生破坏作用。反面典型人物也叫反面教员，反面典型事例也叫反面教材。当教育战线上反面典型的人或事存在的时候，如果让其自由放任，会对教师道德形成起破坏作用。如果不加以制止，其消极影响不仅会逐步扩大，还会直接抵消正面典型的积极作用。因此，必要时应用反面典型开展教师职业道德教育，防止反面典型的道德思想蔓延。

（三）对比教育法

对比教育法就是把各种不同事物的特点、属性等进行比较，分清是非，把握事物本质的方法。道德问题的多样性，才使得比较成为必要。而各种道德问题的普遍联系，才使各种道德比较成为可能。对比教育一定要建立在充分调查研究的基础上，进行科学的、合乎逻辑的、实事求是的比较。实施教师道德的对比教育，一般可采用以下一些形式："纵比"与"横比"。"纵比"是把过去的教师道德和现在的教师道德加以比较，从中看出变化和发展规律，端正对现实的认识。"横比"是把同类的两个事物加以比较，从中引出正确的认识。把西方的教师道德状况与我国目前教师道德状况加以比较，这就是一种"横比"的方式。"纵比""横比"均能使教师更深刻地认识教师的道德本质。此外，还有不同道德理论的比较。它是指教师不同道德观念的优劣鉴别。就个体道德水平的比较而言，它是一种深入的比较形式。各种道德理论都带有时代的特点，在当时都起着不同的历史作用。

（四）个别教育法

个别教育法是针对教师道德品质的差异性，用交心谈心的方式，去解决教师道德问题的一种方法，它是教育者联系教师的情感，了解教师道德情况的基本方法。要想运用好个别教育法：其一，要正视教师的个性差异，注意因人施教。过去的道德教育喜欢用一个模式要求教师，岂不知，教师的个性特点是不同的。有的人待人热情、开朗、活泼；有的人沉稳、内向、多思；有的人大胆、自信，但不仔细；有的人胆小、悲观，却认真；有的人心直口快，忙中易粗；有的人慢条斯理、有条不紊。教育者的责任就是要尽量扶植教师个性中的积极因素，抑制个性中的消极因素，塑造其优良的道德个性。其二，要分析道德问题的特殊性，一把钥匙开一把锁。由于教师在年龄、性别、民族、家庭、知识、个性、自我教育能力等方面的特殊性，教师的职业道德教育不能不分层次地用一把钥匙，而是要针对不同教师的情况，用不同的钥匙去打开他们的心扉大门。当预先拟定的职业道德教育的主题被教师突发性的变化冲掉后，要迅速改变谈话的主题。其三，要注意个别教育的艺术性。在进行个别教育时，教育方式、教育环境、教育时机、教育用语等都是不容忽视的。个别教育不是在教师出了问题时才进行，而应该是经常化的教育方式；个别教育法不仅对后进教师适用，对先进教师也同样适合。但进行个别教育时应尊重对方人格，不要伤害他们的自尊心。

（五）情感陶冶法

情感陶冶法是利用教育者对受教育者的爱和各种教育情境中的教育因素，对受教育者实行潜移默化的影响，使其心灵受到感化的教育方法。

教师的职业道德情感是教师职业道德形成的核心因素，对教师的职业行为具有推动作用。陶冶教师的职业道德情感，可以通过以下三种途径。①情感互动，激发教师情感。一个人的情感会影响、感染其他人的情感，使人与人之间的情感发生相互影响。教育者的完美人格和高尚情感，是一种无形的教育力量。因此，教育者要用真情感化教育对象，用爱心、耐心、诚心、真心来教育。②以美育情，丰富教师情感。教师健康的情感源于丰富的精神世界和高雅的生活情趣。教师职业道德教育要注意挖掘美育素材，善于以美育情，丰富教师的情感内容，陶冶其健康的情感。③以爱为本，提升教师情感。爱心、责任是教师职业道德情感的核心，这种爱，既是教师自身的学识、知识、情感的充分体现，也是教师对教育事业的执着追求。教师要对学生的全面发展负责，不仅要关注学生的眼前发展，也要关注学生的未来成长；不仅要重视学生知识技能的发展，也要关心学生情感态度的发展。情感陶冶法可以使理与情、情与境融为一体，从而引起教师的感情共鸣，使教师在不知不觉中接受教育，提高觉悟。

（六）实践锻炼法

实践锻炼法是在教育者的指导下，通过有目的、有计划、有组织的实践活动，培养教师的优良品德和行为习惯的方法。实践锻炼是一种使受教育者在改造客观世界的同时改造主观世界的方法。

教师的职业道德教育不能局限于向教师传授道德知识，还必须引导他们参加实践锻炼。首先，实践是人们树立科学的道德观，沿着正确方向成长的必由之路。教师的道德思想归根到底来源于实践，从教育者那里获得的教师职业道德的理论知识，也只有通过教师的亲身实践的体验，才能转化为教师的道德认识。其次，实践锻炼有利于提高受教育者的道德觉悟和道德认识能力。实践锻炼的过程，是受教育者把理论与实践结合起来的过程，可使受教育者明确是非、善恶、美丑的标准，进而提高道德觉悟，形成良好的道德习惯。教师的职业道德情感、意志和信念只有在实践过程中才能得到强化，其行为习惯更需要长期反复的实践才能形成。最后，实践锻炼能把教师的职业道德的理性认识，逐步转化为处理问题的立场、观点和方法，促进个体社会化，增强受教育者对社会道德的适应能力。

实施实践锻炼法通常有三种途径。其一，理论实践。教师掌握了一定的职业道德理论，需要在实践中去运用和体验，经过反复的实践锻炼，才能形成内心信念。这种性质的锻炼包括参观访问、社会调查、参加对各种错误伦理思想和错误观点的批判等。其二，活动实践。这种性质的锻炼包括参与社会工作、义务劳动、共创精神文明活动等。这些活动既可以使教师了解社会道德风尚、检验自己处理道德矛盾的能力，又可以向他人学习优良的道德品质。其三，教师结合自身的教学实践，进行道德行为的锻炼，逐步养成良好的道德习惯。教学工作的实践本身是一种严肃认真的奉献活动。教师在寻找教学资料备课中，在讲台上讲授、参加科学研究、科学实验中，在推广自己教研成果中，在处理教学矛盾中，在对待评先进、职称评定中，都需要一种道德作支撑，需要教师不断克服道德心理障碍，这样才能形成坚强的教师职业道德意志。实践锻炼不能只理解成为一次性的实践，要反复进行，其职业道德觉悟才能提高。

运用实践锻炼法，还应遵循以下几点要求。首先，要有专人负责，加强领导。实践锻炼是有目的的活动，必须加强领导和理论指导，注意对参与教师的检查督促，使实践锻炼朝既定目标有序地进行。其次，实践锻炼的形式多种多样，具体运用何种形式应根据教师的不同对象、不同情况来选择。最后，实施实践锻炼时，必须精心组织，力求围绕教师中存在的职业道德问题进行。同时，教育者应与受教育者一起参加活动，以便随时发现问题加以指导。要严格要求教师，持之以恒，在长期的实践锻炼中逐步形成良好的道德行为。

以上几种教师职业道德教育的基本方法，各有特点，又彼此联系，共同构成师德教育方法体系。运用时，应从实际出发，既要发挥各种方法的功能，又要善于综合运用，这样才能取得较好的教育效果。

第三节 教师职业道德教育的特点和意义

一、教师职业道德教育的特点

由于教育工作本身的特殊性以及教育对象的复杂性，使教师的劳动具有了复杂性和特殊性。"十年树木，百年树人"，社会对教师职业道德的要求也有别于其他行业。因此，教师职业道德教育既要解决社会需要与教师个人需要之间的矛盾，又要解决道德修养和教师个人利益之间的问题，还要协调教育过程中教师心理上知、情、意、行的冲突。可见，相比其他行业，教师职业道德教育有其自身的特点。

（一）职业的针对性

教师职业道德不是一般的反映社会或阶级的利益和要求，而是着重反映教师职业的特殊利益和要求。它不是在一般意义的社会实践基础上形成的，而是在教育实践的基础上形成的。因此，职业的针对性主要是指在教师职业道德教育中，要根据教师的职业特征，有针对性地进行职业道德教育实践活动。教师职业道德教育不能坐而论道，空发议论，而要围绕教师教育教学实践过程中产生的思想问题和道德问题开展教育，有针对性地加以解决。教师的教育教学实践是在纷繁复杂的社会环境中进行的，社会生活的新情况、新问题必然会给教师的思想带来冲击，产生新的矛盾和困惑，这就要求通过教师职业道德教育，及时加以回应和解决。

（二）同时性和互教性

教师的职业道德教育与其他的道德教育有一个很大的不同之处，即在教师职业道德教育过程中，受教育者本人就是教育者。教师对学生进行文化知识教育和思想道德教育的过程，同时也是教师自己教育自己的过程。当教师按照有关方面的要求有组织、有计划地向学生实施道德教育的时候，他自身首先就成了这种有组织、有计划的职业道德教育的对象。这种同时性的特点是教师职业所独有的。另外，由于教师职业习惯和职业特点，他们之间会有很多相互交流切磋的机会。教师很容易将自己的道德认识和道德经验理论化、系统化，并乐于向同行讲解和交流、传授，显示出互教的特点。尽管其他职业道德教育也有互教的一面，但往往停留在经验体会的层次上，其理论化、系统化的程度远不及教师，这也是教师职业道德教育中的一个突出特点。

（三）多端性

多端性指在教师职业道德教育过程中，培养教师高尚的职业道德可以从认知、情感、意志、信念、行为中任何一个或几个要素作为开端，因时制宜，因材施教。一般说来，教师职业道德教育要求知、情、意、行协调发展，相互渗透，相互作用。但是由于以上各要素具有相对独立性，就每一个教育工作者而言，其发展可能是不平衡的；在不同的教育工作者之间，其发展方向和发展水平更是存在差异。这就需要根据教育工作者道德品质的实际状况和各种基本要素发展的水平，选择最薄弱、最需要发展和最能奏效的方面作为开端，进行职业道德教育；也可以根据不同的教育主体、教育场合或特定的教育时机、教育内容来选择不同的开端，以期开辟多种渠道，采取多种形式，更具针对性地对其进行多方位、多维度的师德教育。

（四）长期性和渐进性

教师职业道德教育是一个长期的、渐进的，不断发展完善的过程。在这个过程当中，不仅涉及教师的一时一事，而且涉及教师工作、学习和日常生活，涉及对人、对己、对事、对物等方面的态度、行为，涉及提高师德认识、产生师德情感、培养师德意志、确立师德信念、指导师德行为并养成师德习惯等多个环节的共同着力、协调发展，因此，需要循序渐进、长期坚持，做出不懈的努力。例如，仅就提高教师师德意识这一环节来看，根据唯物主义认识论，"一个正确的认识，往往需要经过由物质到精神，由精神到物质，即由实践到认识，由认识到实践这样多次反复，才能够完成"。这就需要结合教师本人思想实际和现实社会的发展变化，经过多次反复教育，才能真正被教师理解和掌握。至于教师职业道德情感的陶冶，教师职业道德意志的锻炼，教师职业道德信念的确立，教师职业道德行为习惯的养成，较之于传授教师职业道德知识，还要复杂艰巨得多，没有长期、反复的教育是难以收到好的效果的。此外，教师职业道德是在其职业实践中逐渐形成和发展的，道德的发展永无止境，对高尚道德的追求也没有尽头，因而，对教师进行职业道德教育不能想着一蹴而就，毕其功于一役。与之相反，它要求"活到老，学到老，改造到老"，一步一步接近理想境界。

二、教师职业道德教育的意义

加强教师职业道德教育，不仅是教育发展的需要，而且也是社会发展的需要。因为教师的职业道德品质不仅影响教师的职业生活和育人质量，而且对整个社会的道德风尚都将产生深刻的影响。1996 年，国际 21 世纪教育委员会向联合国教科文组织提交的报告《教育——财富蕴藏其中》指出："人们要求教师既要有技能，又要有献身精神，这使他们肩负的责任十分重大。"因此，教师职业道德教育不但是一个必要的环节，而且还是一个有计划的、长期的过程。教师职业道德教育的意义主要表现在以下三个方面。

（一）加强教师职业道德教育是教师崇高社会地位和形成社会主义师德品质的必然要求

在人类社会发展的过程中，教师通过对文化知识的传播和思想品质的培养，发挥着承前启后的重大作用。一个社会，一个国家，一个民族，如果没有教师对年轻一代的辛勤培育，这个社会、国家和民族的发展进程、文明进步，就会中断或遭受损失。正如苏联教育家克鲁普斯卡娅所言，"教师的职业是一种责任最重大、最光荣的职业，这一职业的作用和意义必将日益增加和提高"。人民教师肩负着历史的重托和培养社会主义建设者和接班人的重任，教师的社会作用越大，历史责任越重，社会对教师的要求也就越高。同时，我们是社会主义国家，社会主义道德建设的过程，就是一个运用社会主义、共产主义道德对广大教师进行集体主义教育的过程，是一个批判、肃清旧师德消极影响的过程。通过教师职业道德教育，使广大教师认识社会主义教师职业道德的性质，明确其在整个教育中的地位和责任，才有可能确立社会主义师德观念和品质。

因此，必须加强广大教师的教师职业道德教育，强化社会主义道德教育的责任感、使命感，帮助教师在道德方面自强、自重、自爱，为我国的教育事业的繁荣发展做出更大贡献。

（二）加强教师职业道德教育是加强教师队伍建设的迫切需要

中共中央、国务院《关于深化教育改革全面推进素质教育的决定》中强调指出："建设高质量的教师队伍，是全面推进素质教育的基本保证。"努力提高教师的政治思想素质，是加强教师队伍建设的首要环节。要求教师热爱党、忠诚于人民的教育事业，就必须通过职业道德教育，树立正确的教育观和人生观，具备崇高的理想和高尚的道德情操，提高职业道德水准。我国各级各类教师，他们为发展我国的教育事业殚精竭虑，呕心沥血，辛辛苦苦地工作，默默无闻地奉献，为国家培养了一批批优秀人才。"教师是人类灵魂的工程师"，要塑造别人的灵魂，必须先塑造自己的灵魂，教育者必须先接受教育，这是每一个教育工作者必须解决的严肃问题。所以，大力加强教师职业道德教育，培养教师的社会主义、共产主义优良品质，形成良好的教师行业风尚，不仅是十分必要的，而且是十分迫切的。

中共中央办公厅、国务院办公厅在《关于适应新形势进一步加强和改进中小学德育工作的意见》中指出：教师职业道德建设是加强中小学德育工作和全面推进素质教育的关键环节。要采取多种有效方式，大力加强教师职业道德教育。要把职业道德教育与组织教师参加社会实践活动结合起来。师范院校要设立教师职业道德教育必修课，并在相关课程中渗透教师职业道德教育。同时还要建立和完善中小学教师职业道德考核奖惩制度。可见，提高教师队伍的整体素质是推进素质教育的基础工程，没有高素质的教师，就不可能培养出高素质的学生。教师应具备的素质是多方面的，但其职业道德素质是最重要的，也是核心的素质。因为一个不具备高尚职业道德素质的教师是不可能做好教育工作的。在对教师的教育塑造中，在提高教师队伍整体素质中，职业道德教育是起决定性作用的。它能使广大教师坚定社会主义信念，拥护党的基本路线，热爱教育事业，热爱学生，为人师表。

（三）教师职业道德教育是纠正不良教风、校风的有力手段

现阶段，我国教师队伍的状况，总体上是较好的，广大中小学教师为社会主义的教育事业做出了他们应有的贡献。但在市场经济大潮的冲击下，教师队伍中也出现了许多不令人满意的地方。一些教师的职业道德意识淡漠，责任心、事业心不强，教学工作敷衍了事，不能做到教书育人。

为了解决这些问题，国家和各省都出台一些制度和措施。例如，2014年教育部发布《中小学教师违反职业道德行为处理办法》，明确骚扰学生、遇突发事件不保护学生人身安全、收礼或有偿补课等十余项行为属于"违反师德"，将视情节轻重分别给予相应处分。有的省份也出台违反师德一票否决等具体措施。但是，仅仅有制度是不行的，最为重要的是对广大教师进行教师职业道德教育。这不仅可以从根本上调动广大教师的积极性和创造性，促进教育工作顺利开展，而且可以从思想上、道义上筑起坚不可摧的堤坝，防止各种不良意识和旧观念的侵蚀，真正纠正不良教风、校风。

当前，我国教育事业已经进入一个新的发展阶段。在新的历史起点上，实现我国从人力资源大国向人力资源强国的根本性转变，这是时代赋予我们的新的伟大使命。建设人力资源强国，提高教育质量和水平，对教师队伍整体素质提出了新的更高要求。师德是教师最重要的素质，师德水平是人民群众对教育工作满意与否的一个重要标尺，教师职业道德教育是教育改革发展的内在需要。因此，在这一背景下，加强中小学教师职业道德教育，提高中小学教师的师德素养，对于确保党的事业后继有人和社会主义事业兴旺发达，全面建成小康社会，构建社会主义和谐社会，实现中华民族伟大复兴，具有深远的意义。

【思考练习】

1. 教师职业道德教育的原则是什么？

2. 教师职业道德教育的方法是什么？

3. 教师职业道德教育的特点和意义有哪些？

第六章　教师职业道德评价

【名人名言】

什么叫师范？范就是模范，可为人的榜样，自己的行为要做别人的模范。

——蔡元培

【学习目标】

1. 了解教师职业道德评价的概念、目的、价值与功能。
2. 理解教师职业道德评价的标准和形式。
3. 掌握教师职业道德评价的方法和要求。
4. 掌握教师职业道德评价机制的构建。

【内容提要】

在实际教育工作中，教师职业道德评价是教师职业道德活动的一种重要形式，是使教师职业道德原则和规范得以贯彻，并转化为教师的道德行为的重要保证。师德境界的提高，需要通过有效的教师职业道德评价，让教师对自己选择的教育行为负起道德责任，主动远离底线。而有效的教师职业道德评价又需要良好的教育生态和正常的教育秩序做保障。本章从教师职业道德评价的含义入手，介绍教师职业道德评价的基本原则以及评价标准，重点讲述教师职业道德评价的主要方法以及基本要求。

【课程导入】

教师好不好，学生来评价

湖北某学校在校内开展了师德师风问卷调查活动，向全体学生发放了《师德师风问卷调查表》，广泛征求学生对学校师德师风建设工作的意见和建议。为了保证调查结果的全面性和权威性，调查采取不记名形式，希望学生根据实际情况做出选择和回答；调查的内容涵盖了教师的工作责任心、教学水平、管理能力和从教行为等方面，特别是对教师是否关心学生、是否廉洁从教、有无体罚和变相体罚学生等方面进行了详细调查。

同时，为了保证调查结果的真实性，本次调查活动要求正副班主任、科任教师一律回避，以保证同学们填写问卷内容时认真、客观，能够毫无顾忌地给学校和教师提出宝贵的意见和建议。填写完成的调查问卷由专人汇总并加以整理，调查结果都将记录在教师的个人档案中。

第一节 教师职业道德评价概述

教师职业道德评价是社会道德评价体系的重要组成部分。通过教师职业道德评价，教师能够了解自身的职业道德水平，发现与他人的差距，从而找到改进与努力的方向。与此同时，教师职业道德评价在协调人际关系及形成良好的社会道德风尚等方面也具有重要作用。

一、教师职业道德评价的概念

教师职业道德评价是指教师自己、他人或社会，根据教师职业道德准则、规范和科学的标准，在系统、广泛地收集各方面信息，充分占有各种资料的基础上，运用现代技术手段，对教师的职业道德意识、道德情感、道德意志和道德行为进行考察和价值判断。

我们可以从以下三个方面来理解这一概念：其一，社会主义的教师职业道德准则、规范是教师职业道德评价的根据和标准；其二，现代评价技术手段是教师职业道德评价科学性的有效保证；其三，教师职业道德评价主体具有多元性。

教师职业道德评价的内容是教师的职业道德品质。教师的职业道德品质是教师在长期的职业道德活动中养成的比较稳定的特征和倾向，由职业道德认知、职业道德情感、职业道德信念、职业道德意志和职业道德行为五个方面组成。其中，教师的职业道德行为是教师职业道德品质的外在表现，也是教师职业道德评价的主要对象。

二、教师职业道德评价的目的

教师职业道德评价的目的是在对教师的道德全面考察、判断和论证的基础上，探索和掌握教师职业道德形成和发展的客观规律，以便更加有效地指导广大教师提高自己的职业道德素质，完善自己的职业道德品质。对教师来说，教师职业道德评价可以使他们了解自己道德的实际情况，知道自己的优点与不足，明确自己今后的努力方向，提高自我评价能力。对学校来讲，教师职业道德评价的主要目的是让学校对全体教师的职业道德面貌有一个全面的了解和认识，正确评价学校整体的职业道德建设工作的得与失，成绩与缺点，以便更好地改进工作。

【案例】

一位学生在班里丢了 10 元钱，班主任气不打一处来，让全班 32 名学生投票选

"贼"，结果有 2 名学生入选。当 2 名学生要求拿出证据的时候，教师举起手中的选票："这就是证据！"

（1）班主任的做法对不对？为什么？

（2）教师在教育教学工作中应该怎样做？

三、教师职业道德评价的价值

教师职业道德评价是对教师行为的价值判断和仲裁，通过对教师教育行为的道德价值进行善恶判断，激发教师个人强烈的责任感。教师职业道德评价的价值体现在以下几个方面。

（一）教师职业道德评价有利于维护教师职业道德规范

在教育教学活动中，教师职业道德规范能否得到贯彻，很大程度上取决于教师职业道德评价能否得到有效的实施。教师职业道德评价通过社会舆论、教育传统习俗和自我评价等方式对教师在教育教学活动中的言行、举止和思想观念等实行道德监督，并通过道德评价向教师传递其职业道德行为的价值信息，使教师能够明辨是非，自觉接受职业道德规范的约束。

（二）教师职业道德评价有利于教师职业道德素质的形成和发展

教师职业道德行为并非天生具备，而是在长期的道德教育和反复的学习、磨炼中逐步形成并以习惯的形式固定下来的。在这个过程中，教师职业道德评价充当了教师职业道德认知转化为教师职业道德行为的媒介。

教师职业道德评价不仅可以督促教师践行职业道德行为，而且可以使教师职业道德准则和规范深入教师的内心，促进其形成稳定的职业道德品质。当教师因其高尚的道德行为受到褒奖时，其内心感到安慰、喜悦，进而在舆论的支持下，一如既往地把高尚的道德行为坚持下去；当教师因不道德的行为受到谴责时，就会产生不安和愧疚的心理，并在舆论的压力下尽快改正。这些褒奖和谴责可以极大地激发教师的职业责任心和道德荣誉感，进而有效地提高教师的道德觉悟，使其职业道德品质进一步发展。

（三）教师职业道德评价有利于优化教师的教育教学行为

教师职业道德规范向教师提供了教育、教学活动的依据和准则。而要把这些客观的依据和准则转化为教师的教育教学行为，就必须依靠教师职业道德评价这个有效的推动力。

（四）教师职业道德评价有利于改善校风校纪

教师职业道德评价不仅关系着一名教师的品质与名誉，也影响着学校的校风校纪建设。那些重视教师职业道德评价的学校会通过各种渠道建立良性循环的评价——反馈机制，对教师良好的品行开展表扬和鼓励，对不当的言行及时进行批评和纠正，从而在教师队伍中形成良好的道德风尚，在全校范围内形成积极向上的校风校纪。

此外，教师在社会生活中表现出的良好的修养和文明的举止，还可以影响到其他行业的人们，从而推动我国社会主义道德建设。

四、教师职业道德评价的功能

教师职业道德评价的功能是指教师职业道德评价对教师道德建设工作的发展和改进所能起到的基本功效。教师职业道德评价是学校领导加强教师职业道德建设工作的业务指导和进行科学管理的重要途径，同时，也是广大教师提高和完善自身职业道德品质的主要依据之一。概括起来讲，教师职业道德评价的功能包括指挥定向、教育发展、分等鉴定、督促激励、问题诊断几个方面。

（一）指挥定向功能

正确而科学的评价对我国人民教师的职业道德建设具有指挥和导向作用。教师职业道德评价能够引导广大教师正确认识教师职业道德修养的伟大意义，了解和掌握职业道德修养的标准，认准职业道德修养的社会主义方向。

（二）教育发展功能

教育发展功能是指在教师职业道德评价过程中评价者和被评价者互相影响和启发，通过对方的反馈信息进一步认识到自己的不足，同时学习对方的长处，使自己受到教育，促进自己的思想品德的发展。

（三）分等鉴定功能

教师职业道德评价的结果是通过评价区别出好坏、优劣，进而判定某一教师职业道德水平的高低，即他的职业道德与社会主义社会教师职业道德规范相符合的程度。

（四）督促激励功能

教师职业道德评价的督促激励功能是分等鉴定功能的必然结果。教师职业道德评价的督促激励功能表现在两个方面：一方面是来自被评对象内部的压力，这是评价的必然反应；另一方面是来自社会各界的外部动力。

（五）问题诊断功能

教师职业道德评价具有诊断教师职业道德建设中存在的问题，分析这些问题存在的原因，了解这些问题带来的危害，找出解决这些问题的方法等功能。

【知识链接】

教师的责任

世界上最危险的职业有两个，一个是教师，一个是医生。从某种程度上说，教师比医生更危险。庸医害的是一个人，关系到一个家庭的幸福；而庸师害的是一群人，毁的是学生们的精神和心灵，关系到众多家庭的幸福，甚至影响着民族和人类的命运。

作为一名教师，当你站在讲台上，望着几十双求知若渴的眼睛，就应感到有一种责任。"教师"——这个称呼需要承载的东西实在是太多太多。人们常说，国家建设靠人才，人才培养靠教师。教师所关注的绝对不应该仅仅是学生们的分数。如果我们培养的学生个个都具有责任感和创新能力，那么，民族的生命力将会更加旺盛和强大。相反，若我们培养出的学生都是高分低能，那么，民族的未来由谁来支撑呢？

五、教师职业道德评价的原则

教师职业道德评价的原则是在进行教师职业道德评价的过程中必须遵循的基本要求。只有在教师职业道德评价过程中严格遵守评价的方向性、客观性、全面性、科学性、教育性和民主性原则，才能将教师职业道德评价引上正轨，发挥评价的积极作用。

（一）方向性原则

评价的方向性原则是指教师职业道德评价要体现社会主义的性质，坚持社会主义方向，有利于广大教师提高社会主义的思想觉悟和道德水平。社会主义方向性是我们开展教师职业道德评价的最根本的指导思想和工作原则。

在教师职业道德评价中，贯彻方向性原则应注意做到以下几点：首先，必须坚持社会主义的办学方向；其次，要体现社会主义的教育价值取向；最后，要坚持评价过程中的社会主义方向。在教师职业道德评价的整个过程中，我们始终都应坚持社会主义方向。

（二）客观性原则

评价的客观性原则是指在进行教师职业道德评价的过程中，必须采取实事求是的态度，真实、客观地反映教师职业道德的实际情况。尊重客观事实，实事求是地反映事物的本来面目是做好一切工作的基础。

贯彻评价的客观性原则，首先，要求评价者要对评价对象进行广泛调查、全面收集资料，并严肃、认真地整理资料，按照客观、统一的标准进行评价；其次，要求评价者注意评价对象的个体差异性，从实际出发；最后，评价人员在评价时要做到公正、客观。

（三）全面性原则

评价的全面性原则是指对教师进行职业道德评价必须坚持全面和发展的理念，避免片面化和绝对化。教师职业道德的表现是多方面的，体现在其所从事的一切活动中，在进行教师职业道德评价时，必须对教师进行全面的考察，切忌以点概面、以偏概全，仅凭一时一事仓促做出判断。与此同时，教师的职业道德行为是处于不断发展变化中的，在进行教师职业道德评价时，不能囿于成见，要以发展的眼光评价教师的职业道德行为。此外，教师的职业道德还是一个复杂的有机整体，必须辩证地对教师职业道德做出评价。

（四）科学性原则

评价的科学性评价原则是指在教师职业道德评价的过程中，评价者要以客观事实为基础，严格遵守评价科学和教育科学的客观规律，恰当运用现代科学技术手段去设计评价标准、评价方法、处理评价结果。只有遵循科学的评价原则，才能得出科学的评价结果，这样的结果才有意义和价值。

贯彻评价的科学性原则，首先，就是要建立一个科学合理的评价指标体系；其次，要遵循评价的科学程序，科学的评价是有程序的，教师职业道德评价亦是如此，所以，评价的过程中要严格按照计划、组织、考察、评定、总结五个环节进行；最后，要运用科学的评价方法和手段。

（五）教育性原则

评价的教育性原则是指教师职业道德评价要围绕教育的价值和目标去设计和实施，其目的是提升和改善教师职业道德，而非仅仅是价值判断。

贯彻评价的教育性原则，首先，要设立科学的评价指标，保证评价的真实可靠；其次，要关注评价背后的具体行为过程及价值体现，如教师进行了多次家访工作，是为了完成学校的任务，还是为了求得家长的教育支持；最后，要让教师从评价结果中得到有价值的反馈，以指导其改进自身的职业道德行为。

（六）民主性原则

评价的民主性原则是指教师职业道德评价要坚持走群众路线，要相信、尊重、依靠教育行政部门、学校领导、教职员工和社会各界，调动各方面的积极性，充分发扬民主，共同搞好教师职业道德评价工作。

贯彻民主性原则，首先，要在制订评价方案与指标时，广泛征求广大教师的意见，反复酝酿、讨论，避免教师职业道德评价的神秘化、一言堂；其次，在评价过程中，评价者要具有民主思想和民主作风，充分尊重广大教师的意见；再次，要调动广大教师对自我职业道德评价的积极性；最后，要充分重视社会各界对教师职业道德评价的意见。

第二节　教师职业道德评价的标准和形式

由于道德价值常借助于善恶范畴来体现，因此，善恶也成为教师职业道德评价的一般标准。要发挥教师职业道德评价的作用，必须采取正确的评价标准和评价形式。

一、教师职业道德评价的标准

教师职业道德既有社会性，又有明显的职业性，因此，在进行教师职业道德评价时，要结合教师职业特点，把社会性的道德要求具体落实在教师的职业道德行为当中。教师职业道德评价标准可以分为社会行为标准和职业道德标准。

教师职业道德评价的社会行为标准即善恶标准。教师职业道德是社会道德的一部分，反映了社会对教师的道德要求。教师要为社会培养和提供人才，便是教育活动的社会目的。这种社会目的要求教师的行为必须符合一定的社会道德要求，符合教育规律，要最大限度地提高教育效果，极力促进教育事业的发展。一般来说，与一定的社会道德原则相符合的教师职业道德行为就是善的，与其相悖的教师职业道德行为就是恶的。

教师职业道德评价的标准要求教师的行为应有利于促进学生身心的全面和谐发展。职业道德评价标准的具体内容包括：第一，教师的职业道德行为应符合学生的个性心理特征，并有利于学生的心理健康发展和良好心理品质的形成；第二，教师的职业道德行为应促进学生德、智、体、美、劳等的全面发展；第三，教师的职业道德行为应有助于教育事业的发展，应有利于在全社会形成良好的道德氛围。

二、教师职业道德评价的形式

教师职业道德评价的形式主要有社会评价和自我评价两种。社会评价即教师以外的个人或组织对教师职业道德行为进行的评价，自我评价即教师对自身职业道德行为的评价。社会评价和自我评价从客观与主观、外在与内在的不同角度，共同对教师的职业道德行为起着制约和调节的作用。

（一）社会评价

1. 社会舆论

简单地讲，社会舆论就是众人的议论和评论。它通常分为两种形式：一是依托于国家、组织和新闻媒介，有领导、有目的地以网络、报纸、广播、电视等手段传播的正式的社会舆论，这种舆论在道德评价中具有权威性；二是小范围内的人们遵循生活实践经验和已有的道德观念自发形成的，借助于口头等形式传播的非正式的社会舆论，它往往是零散的、不成体系的，但其产生的影响力不可小觑。

社会舆论是教师职业道德评价中运用得比较广泛的一种形式。当某种教育道德原则和规范为大多数人所接受和信奉，进而形成社会舆论时，这种舆论就会通过对人们行为的肯定、赞扬或否定、谴责等，深刻地影响整个社会的教育道德风尚。长期的舆论影响能有力地促使人们按照一定的教育道德原则和规范来支配自己的行为，调整自己同他人或社会的关系。因此，社会舆论既是教育过程中人与人之间道德关系的反映，又是对教师职业道德进行评价的外在形式。

【案例】

严于律己的陶行知

1939年，教育家陶行知在重庆创办育才学校，旨在招收因战争流离失所的难童。学校创建之初，陶行知和全校师生一起走街串巷进行募捐。他曾经宣布过一条纪律：募捐来的钱任何人不得借故挪用分文。为此，陶行知特意在上衣上缝了两只口袋，一只口袋装公款，一只口袋装私款。

一次，陶行知到远处募捐，走访了好多地方，募捐了不少现款，装公款的口袋装得满满的。在准备乘车返程时，陶行知才发现装私款的口袋里没有一分钱。尽管此时的陶行知已经疲惫不堪，饥肠辘辘，但他仍然坚持从十几里以外的地方步行回校。

陶行知就是这样在点滴小事中筑起了自己的"人格长城"，成为世人自律的表率。

教师职业道德评价的社会舆论分为校内舆论和校外舆论。校内舆论是指学校内部成员对教师、教师集体或管理人员的教师职业道德的态度和评价。校外舆论是指学生家长、社会团体和组织、国家机关或其他社会成员对教师职业道德的态度和评价。

人们出于不同的角度和立场，对同一教育行为会表现出不同的看法。对于教师来说，其既要注意广泛听取各种舆论对自身职业道德行为的反映，又要保持清醒的头脑，对校内校外的舆论进行冷静分析，对那些落后、错误的舆论，应采取疏导的方针，用批评、说服教育的方法去解决；对于正确的舆论应加以引导，使其成为正式的、更大范围的舆论。

2. 教育传统习惯

教育传统习惯是指在长期的教育实践中逐渐形成和积累起来的，已被人们普遍承认和熟悉的道德经验和教育行为方式，包括启发、诱导、因材施教、身教言传等。教育传统习惯作为一种重要的精神力量，具有群众性、稳定性和历史继承性等特点，在教师职业道德评价中具有特殊的作用。是否符合教育传统习惯成为评价教师职业道德最简单的标准。而评价者也对使用教育传统习惯进行评价感到习以为常，因为教育传统习惯已经得到了大家的认可。

随着社会的发展，有些教育传统习惯能够继续适应或有益于社会的需要，而有些则不再适合甚至严重阻碍社会的发展。因此，在运用教育传统习惯进行教师职业道德评价时，应取其精华、去其糟粕，在具体剖析其性质的基础上区别对待，从而形成有利于社会主义教育事业发展，有利于学生健康成长的新风尚、新习惯。

（二）自我评价

自我评价是教师依据一定的职业道德原则和规范对自身所做出的一种道德上的自我认识、自我衡量和自我判断。自我评价具有自我激励、自我导向、自主转换等功能，它可以随时帮助教师辨明自身教育活动的善恶，这种约束、指导和调节教师职业道德行为的作用是其他任何力量都不能代替的。

教师能否做好自我评价，关键在于是否具有强烈的内心信念。所谓内心信念，是教师对某种道德义务的真诚的信服感和强烈的责任感。它是教师在教育实践中形成的深刻的道德认识、强烈的道德情感和顽强的道德意志，以及在此基础上产生的心理驱动力和需求。

社会评价和自我评价是互相关联、互相补充、互相影响的。在社会评价中，良好的社会舆论和教育传统习惯会相互促进，共同担当着培养和树立良好内心信念的重任。而教师的内心信念是形成良好的社会舆论和教育传统习惯的思想基础，也是社会舆论和教育传统习惯对教师施加影响的基本前提。

在教师职业道德评价中，只有综合运用社会评价及自我评价，形成内力和外力作用的良性循环，才能充分发挥各自的优势，建立起有效的教师职业道德评价机制，使道德评价得以充分、有效地发挥作用，进而促进教师职业道德水平的提高，推动教师职业道德的发展。

第三节　教师职业道德评价的方法和要求

一、教师职业道德评价的方法

教师职业道德评价方法，是指在教师职业道德评价的过程中所采用的各种方式和手段的总称。教师职业道德评价方法是实现教师职业道德评价的任务、保证教师职业道德评价的顺利进行、取得教师道德评价良好效果的关键性因素。概括起来，教师职业道德评价的方法有自我评价法、学生评价法、社会评价法、加减评分法、量表评价法和定性评价法。

（一）自我评价法

自我评价法是指教师个人根据教师职业道德规范和教师职业道德评价的标准、原则等一系列评价体系，对自己的道德所进行的一种自我认识、自我判断、自我评价。自我评价是教师自己对自己的道德进行评价，在这个过程中教师既是评价的主体，又是被评价的客体。教师自我评价的内在动力是教师的内心信念。所谓内心信念，就是指构成教师行为的内在动机而形成的思想、观点。它是教师对自己行为判断的主导力量，是教师个人精神生活的道德向导，对教师个人从事教育事业具有巨大的推动作用和调节作用。教师职业道德的自我评价是提高教师职业水平不可缺少的重要环节。教师在运用自我评价法时，需要不断提高自我评价能力：一方面是形成强烈的内心信念；另一方是要求其端正态度，提高认识，认真对待评价工作。

（二）学生评价法

学生评价法是指教师和学生在教与学的相互作用中，学生依据教师职业道德的原则和规范对教师的行为予以判断的一种道德评价方式。学生评价实际上也是一种社会评价，但它是一种特殊的社会评价，这是由教师与学生的特殊关系所决定的。一方面，教师与学生是一种朝夕相处、长久共事的关系，学生最有条件对教师的职业道德进行评价。另一方面，社会主义社会的师生关系是一种相互尊重、相互关心、彼此平等的关系。

（三）社会评价法

社会评价法是指行为当事人之外的个人或组织如学校或其他社会方面的人员，根据教师职业道德规范对教师的道德状况所做出评价的一种方法。社会评价法主要是通过社会舆论对教师的道德进行评判。社会舆论是指众人的议论和评判，它是人们用语言或文字对其所关心的社会生活中的某种现象、事件或行为所发表的某种带有倾向性的意见。

社会舆论评价的内容多样，如政治舆论、经济舆论、道德舆论等。运用社会舆论的方法对教师职业道德评价是必需的，一方面，我们每一个人都生活在一定的社会环境当中，每个人的思想和行为都受到社会舆论的监督，教师也不例外；另一方面，通过社会舆论的评价，可以使学校和教师及时获得来自各方面的信息，为学校和教师认清自己的优缺点，提供可靠的依据。同时，在运用社会舆论的方法对教师职业道德进行评价的过程中，首先，要广泛收集来自各方面的舆论，充分使用相关信息；其次，要正确地分析、处理和评价这些社会舆论；最后，要重视有组织的、自觉的社会舆论对教师职业道德进行评价。

（四）加减评分法

加减评分法是指先根据国家对教师职业道德的日常行为要求，列出一系列评语式的测评项目（包括加分项和减分项），明确具体的考核要求和相应的得分，然后对这些测评项目的得分求和来评定教师职业道德的方法。

科学地设置考核项目及其分值是运用这种评价方法的前提条件，也是评价取得成效的基础。因此在实施加减评分法时，首先，应当根据《教育法》《教师法》等法律文件中对教师职业道德的要求，列出一些应予提倡的职业道德行为作为加分项目，如爱岗敬业、为人师表、廉洁从教等，并确定各个项目的分值，再列出一些应予禁止的不良行为作为减分项目，如以罚代教、以权谋私、追求拜金主义等，并确定各个项目的分值；其次，对照教师在日常教育教学活动中的表现，评定该教师在各个项目上的得分；最后，对所有项目的得分加总求和，得出该教师职业道德评价的最终结果。

由于加减评分法对每一项行为的评价都有统一的、具体的标准，所以其评价结果较为客观、精确；但其偏重行为评价，对教师行为的限制较多，因此忽视了教师的道德意识和思想动机，不利于教师发挥主动性。

（五）量表评价法

量表评价法是指通过预先设置好的评价项目，对教师的职业道德行为进行评价，并将评价的结果填入表格内，最后对各方给出的评价结果进行汇总，从而得出教师职业道德评价结果的评价方法。

（六）定性评价法

实施定性评价法时，首先，应对教师的职业道德行为进行描述，然后对其善恶、主次、轻重等进行科学和客观地分析，并有针对性地提出意见与建议；其次，衡量教师的不良行为在职业道德中所占的比重，并就该行为对教师职业道德的影响程度做定性评估；最后，对教师职业道德做出综合评价。

二、教师职业道德评价的要求

教师职业道德评价是一项十分严肃而又复杂细致的工作。因此，在开展评价时，一定要坚持正确的方向，要根据党和国家关于教师职业道德方面的指示、通知、法规等文件精神来进行，着重引导广大教师按照社会主义教育的要求来提高自身的职业道德修养，以便更好地服务于社会主义的教育。在具体教师职业道德评价工作中要注意做到以下要求。

（一）肯定评价与否定评价相结合，以肯定评价为主

在进行教师职业道德评价时，首先要看到广大教师在职业道德发展上所取得的成绩，充分肯定其优点和成绩。对待教师，我们应多一点宽容、多一点希望。表扬不但可以使教师树立自信心和责任心，而且可以使教师将事情做得更好。因此，在平时的教学中，我们应以表扬、鼓励为主，最大限度地调动教师教学的积极主动性，使教师在宽松、和谐的环境中潜移默化地受到教育，在不知不觉中得到进步。

同时，表扬也要讲究一些艺术。第一，表扬必须具体、要及时。表扬哪些教师，表扬什么，表扬要达到什么目的，这是学校管理者首先必须明确的问题。大而言之，通过表扬，要让教师懂得如何发扬自己的长处和优势，如何提高思想修养，如何教学，如何向预定的目标前进。小而言之，每一次表扬都应有具体的目标指引。第二，表扬也要客观公正。学校管理者对教师进行表扬，首先要了解情况，要对内容进行全面的核实，不能偏听偏信，或是想当然，要做到心中有数，并在此基础上进行客观的分析。实施表扬时，要实事求是，既不夸大其词，也不轻描淡写，要避免掺杂个人的好恶感情。

（二）动态评价与静态评价相结合，以动态评价为主

静态评价是在相对稳定的状态下对教师职业道德所作的评价。动态评价是着眼于考察教师职业道德发展变化的评价。静态评价可以使我们对教师现有的职业道德状况有一个清楚的了解，可以对其进行好坏优劣的判断。但是，这种评价只能说明过去和现实的情况，而我们评价的最终目的是指导教师更好地改进自己的不足，也就是说更重视未来的发展。这就要求我们重视动态评价。因此，在具体评价工作中，我们一定要坚持马克思主义的发展观点，既要重视静态评价，更要重视其发展变化，看到广大教师对自己职业道德品质中不足方面的改进、提高，预见其发展趋势，做出动态评价。只有这样，才能使教师职业道德评价更全面、更准确、更科学，从而起到激励广大教师自觉提高自己职业道德品质的作用。

（三）单项评价与综合评价相结合，以综合评价为主

单项评价是对教师职业道德的某一个方面（如道德情感、道德行为、道德修养等）

所进行的评价。这种评价的优点是比较深入、细致、具体、准确，其缺点是它只能反映教师职业道德的某一方面或局部工作的好坏。

综合评价是对教师职业道德进行的全面评价，它可以使我们从整体上了解教师职业道德的面貌和水平。在教师职业道德评价工作中，对教师职业道德的某个方面进行深入分析、评价是必要的，但还是要以综合评价为主。

（四）定量评价与定性评价相结合，以定性评价为主

定量评价是对客观的量化资料，通过统计分析而进行的评价。教师职业道德评价的内容不可能全部量化，其原因在于：一方面，人的行为是可以伪装的，外部表现出来的行为与内部的思想是可以不一致的。另一方面，人的思想、品质、观念、意向、理想、情感等是很难量化的，我们无法用一些数量化的指标去反映这些内容。因此，定量分析仅适宜于一些具体的行为的测评，很难测评出全部思想道德品质。

定性评价是对教师职业道德所进行的描述性评价，它是用语言文字对教师的职业道德进行质的分析，它可以对许多难以量化的思想、观念、意向等进行评价，能够反映教师职业道德的实质，而且也易于施行。

但是，如果我们单纯地依靠定性评价去分析教师的职业道德，也容易产生主观性、随意性、片面性。鉴于上述情况，要正确、客观、科学地评价教师职业道德，就必须把定量评价与定性评价结合起来。在教师职业道德评价中，定性评价与定量评价是辩证统一的。因为定量评价是定性评价的基础，而定性评价又是定量评价的前提和归宿，二者不可分割，紧密相连，互相促进。在教师职业道德评价中，定量评价能比较细致地反映教师职业道德的水平和变化情况。但是，由于教师职业道德中许多变量不易确定其量与量之间的关系，很难精确地用数字进行分析，这就必须进行定性评价。因此，为了保证教师职业道德评价的科学性，必须把定量评价与定性评价结合起来，以定性评价为主。

（五）终结性评价与形成性评价相结合，以形成性评价为主

终结性评价是一个阶段对教师职业道德的评价，具有结论的性质。这种评价的功能表现在对教师职业道德做出鉴定、认可和区分等级，目的在于帮助教师了解一个阶段或一个过程中自己职业道德上的优点和存在的问题，激励他们朝着下一个阶段或过程的目标努力。

形成性评价的目的在于及时掌握教师职业道德的情况，充分发挥评价的教育、导向、诊断、强化等功能，把评价作为促进教师职业道德发展的手段，引导广大教师沿着正确的方向前进，追求更高的理想目标。这是教师职业道德评价的目的和关键所在。因此，应把终结性评价与形成性评价相结合，并以形成性评价为主。

（六）动机评价与效果评价相结合，以动机评价为主

动机评价是对推动教师从事某种行为的内部思想意念的评价。动机是教师职业道

德行为的思想动因，教师的任何一个道德行为，都是出自一定的道德动机。教师职业道德动机评价就是看其行为动机是否正确。

效果评价是对教师行为产生的客观结果的一种评价。教师的任何一个行为在教育过程中都会产生一定的效果，这种效果可能是正面的、积极的，也可能是负面的、消极的。因此，在具体的评价工作中，一方面要重视教师职业道德行为的客观效果评价，另一方面更要重视对其行为动机的评价，力争使动机评价与效果评价一致起来，并以动机评价为主。

（七）他人评价与自我评价相结合，以他人评价为主

自我评价是教师根据一定的标准对自己的职业道德进行的评价。有效的自我评价有助于教师进行自我认识、自我教育、自我提高和自我完善。他人评价是指被评对象以外的组织或个人依据一定的教师职业道德评价标准对被评对象的职业道德所进行的评价活动。这种评价包括上级教育行政部门所做的检查督导评价、专家评价、同事与同行的评价、社会各界的评价等。由于他人评价的结果更为客观、真实，更容易看到成绩与问题所在，更有益于被评者总结经验以及同行间的相互学习和共同提高。因此，教师职业道德评价在重视自我评价的基础上，更应该重视他人评价，并以他人评价为主。

第四节　教师职业道德评价机制的构建

教师职业道德是教师素质的灵魂，也是促使教师专业发展的根本动力。教师职业道德的形成与发展受多种因素影响。其中，教师职业道德评价机制是教师职业道德形成与发展的一个重要的外部保障机制，直接影响着教师职业道德的形成与发展。构建科学的教师职业道德评价机制，引导教师职业道德沿着正确的道路发展，激励教师不断提升自身的道德水平，对提高教师职业道德建设的实效性具有重要的意义。

一、确立发展性的教师职业道德评价观

教师职业道德评价观影响着教师职业道德评价的目的、方式、方法等，是开展教师职业道德评价活动的前提和基础。要建构科学的教师职业道德评价机制，应确立发展性的教师职业道德评价观。

发展性的教师职业道德评价观认为，教师职业道德评价应以促进教师职业道德品质的不断提升与完善为主要目的。进行教师职业道德评价不仅是为了检验教师的职业道德行为，还应进而为提升与完善教师职业道德品质提供信息与帮助，激励教师不断提高自身的职业道德境界。教师职业道德评价应为教师指明方向，使教师加深对职业道德规范的理解和认识，将外在的职业道德要求转化为自身的职业道德需求，从而不

断地调整自己的职业道德行为，提升自己的职业道德水平。

发展性的教师职业道德评价观还认为，教师职业道德评价不仅要关注评价的结果，更应关注评价的过程；不仅要关注教师当前的职业道德行为，更应关注教师未来职业道德品质的提升与完善。因此，在教师职业道德评价的过程中，应对教师职业道德行为进行系统观察和理论分析，为教师提供准确、真实的信息，使教师能够认识到自己的长处与不足，能正确地认识自我、分析自我，进而确立合理的自我发展目标。

发展性的教师职业道德评价观重视提高教师参与评价的意识，重视调动教师参与评价的积极性，重视评价者与被评价者之间的平等交流。评价过程中，评价双方不断地交流与磋商，能够帮助教师理清思路，树立对职业道德评价的正确认知，建立正确的职业道德观念，充分调动教师自我修养的积极性，激励教师不断提高自己的职业道德素养。

二、完善教师职业道德评价标准

教师职业道德评价标准是开展教师职业道德评价活动的依据，也是教师践行职业道德的重要参照。确定科学的教师职业道德评价标准，是建构教师职业道德评价机制的关键环节，也是加强教师职业道德建设的需要。

（一）教师职业道德评价标准的多维化

在教育教学实践中，不能以学生的分数或一般的教学行为代替教师职业道德行为的评价，而应基于教师职业道德建设的目标，将动机与效果辩证统一起来，将教育与育人紧密结合起来。从对事业的执着追求、对业务的精益求精、对学生的全面关心、对同事的热心帮助和对自身的严格要求等多个维度建构科学的教师职业道德评价标准。

（二）教师职业道德评价标准的个性化

由于每位教师所处的职业生涯的发展阶段不同，每位教师在教育境界、从教态度和热爱学生方面的师德表现也处于不同的层次。因此，在建构科学的职业道德评价标准时，应在共性评价标准的基础上，尊重和体现教师的个体差异，针对不同发展阶段的教师，提出不同层次的职业道德要求，建立不同层次的评价标准，使教师职业道德评价标准具有个性化。

在教师职业道德评价中，若以过于统一或理想化的职业道德评价标准去评价所有的教师，既会挫伤教师参与职业道德评价的积极性，也不利于教师的个性发展。只有从多维度、多层次建构教师职业道德评价标准，同时注意评价标准的个性化，才能为教师职业道德的发展提供可靠的依据，为教师职业道德的提升提供广阔的空间。

三、丰富教师职业道德评价的方式

建立以教师自评为主，学校领导、同事、学生及学生家长共同参与的教师职业道德评价制度，使职业道德评价成为教师本人、同事、教育管理者、学生乃至学生家长等多个主体共同参与的交互性活动，是教师职业道德评价发展的趋势。

（一）评价主体与方式的多元化

传统的教师职业道德评价主要以学校领导组成的考核小组为评价主体，自上而下地开展总结性的评价。这种评价往往流于形式，其信度及效度也比较低。要开展有效的教师职业道德评价，应向学校的领导、教师本人、教师的同事、学生及学生家长等多个评价主体收集评价信息，通过整合多方面的评价信息，深入、准确地评价教师的职业道德行为，充分体现教师职业道德评价的民主性与发展性，促使教师职业道德走向更高的境界。

（二）提高教师自我评价的实效性

自我评价是提升教师职业道德的重要内在机制。在自我评价的过程中，教师可以更加深刻地理解教师职业道德规范，正确地认识自我，激发内在的职业道德动机，进而自觉、主动地践行职业道德。

要提高教师自我评价的实效性，需要在以下两个方面下功夫。

1. 规范并指导教师的自我评价，提高教师自我评价的技术与能力

在实践中，学校应加强对教师的理论培训，让教师理解开展自我评价的意义。与此同时，应为教师提供科学的教师职业道德评价标准，并以此为参照，指导教师进行系统化的自我反思。

2. 将自我评价制度化

学校应定期组织教师开展关于职业道德的自我评价，指导教师实事求是地撰写自评报告，并将其存入教师的个人档案中。

四、建立反馈和激励机制

科学的教师职业道德评价机制应当能够引导教师沿着正确的职业道德方向发展，激励教师不断提高自身的职业道德水平。为此，在进行教师职业道德评价之后，应建立有效的反馈和激励机制，从而发挥教师职业道德评价的真正意义。

（一）组织评价双方共同分析评价结果

对评价结果进行分析与反馈，对于构建科学的教师职业道德评价机制尤为重要。在教师职业道德评价的过程中，参与者应在平等、信任的基础上，共同分析评价信息，共同商议教师职业道德的改进和提高措施。与此同时，学校还应积极创建宽松、和谐的教师职业道德评价文化，使得评价能够在真实、积极的氛围中开展。

（二）定期组织教师职业道德评价

学校应针对教师的实际情况，定期组织教师交流与讨论，开展教师职业道德评价活动。这样不仅可以了解教师当前的职业道德发展水平，而且能够确立教师职业道德进一步的发展方向，为教师职业道德向更高水平发展提供支持与动力。

【思考练习】

1. 简述教师职业道德评价的含义和功能。
2. 教师职业道德评价的标准和形式有哪些？
3. 简述教师职业道德评价应遵循哪些原则。
4. 为什么要构建教师职业道德评价机制。

第七章　教师职业道德常见问题

【名人名言】

良好的教师集体应有共同的见解、共同的信念，彼此之间相互帮助，彼此没有猜忌。

——马卡连柯

【学习目标】

1. 了解教学过程中处理师生关系的要求和方法。
2. 理解学生过度依恋教师的原因和处理方法。
3. 掌握教师提高情商的方法。
4. 掌握建立和谐教师人际关系的原则。
5. 掌握处理教师间竞争合作关系的技巧和方法。

【内容提要】

教师与学生、教师相互间的关系是学校人际交往中最基本的两种关系。构建和谐的师生、教师相互间的关系对于教师与学生的成长，以及学校教育教学活动的顺利开展都有着积极的意义。因此，教师要在遵循建立和谐师生、教师相互间关系的基本原则的基础上，掌握建立师生、教师间良好的教学关系与情感关系的方式方法。

【课程导入】

这事与我无关

伴随着上课铃声，张老师走进教室。

张老师喊："上课！"

班长喊："起立。"

这时，张老师看见一名学生仍旧趴在桌子上睡觉，等了片刻，还是没人叫醒他。

张老师随即对正在酣睡的学生后面的男同学说："叫他醒醒"。这位男生面无表情地将头偏向一边，漠然地移开了原本注视着张老师的视线。就在这时，睡觉的学生自己醒了并站了起来。张老师看到后，淡然地对大家说："坐下吧。"然后就像往常一样开始上课。

然而，那位男同学漠不关心、冷若冰霜的举动，让张老师感到阵阵寒意，许久不能释怀。

第一节　师生关系中的道德问题

师生关系是教师和学生为实现教育目标，通过教与学的直接交流活动而形成的关系。理解师生关系的重要意义，掌握构建良好师生关系的原则，对于塑造和谐师生关系有着重要作用。

一、师生间的教学关系

教学是在教育目标的指引下，由教师的"教"与学生的"学"共同组成的一种教育活动，具有促进学生德、智、体、美、劳全面发展和展现学生人生价值的意义。在教学过程中，教师和学生都以各自的经验、情感、个性投入教学活动中，相互影响、相互促进。

（一）教师在教学中要"以学生为本"

毫无疑问，教育教学的出发点和归宿是学生，着眼点与立脚点归根到底也离不开学生。培养和造就高素质、高质量、全面发展的优秀人才，是以"教书育人"为己任的人民教师的根本职责与终极价值取向。因此，教师只有对学生做出客观、全面、正确的估量，才能真正有利于教学育人目的的最终实现。

1. 正确认识教学中的"以学生为本"

（1）以"育人"为教学宗旨和目的

教师在教学过程中应恪守和遵循"以学生为本"的原则，将学生作为一个完整、独立、发展的个体加以尊重和关爱，不能仅注重知识的传授，更不能仅看重考试分数。

在教学中，教师应关注学生的情感状态是否良好，学生的身心是否健康，学生的整体素质是否有所提高。也就是说，教学应始终将出发点与落脚点牢固地置于学生的身心健康与全面发展的需求上。

（2）以"学情分析"为教学前提和基础

"学情"即"学生的基本情况"，通常是指学生已经具备的认知水平、能力、兴趣与习惯，以及当前遇到的困难或存在的薄弱环节等。就教学过程而言，教师自始至终都应认真把握学生的学情，从学生的实际情况出发，推动教学过程的不断完善，从而有效地达成教学目标。

（3）以教学双方的有机统一为教学指针和方向

"教学"是由教师的"教"和学生的"学"两个方面共同组成的，二者缺一不可。学生借助教师主导的教学活动获取知识和提高能力。教师教学功力的深浅或教学水平的高低植根于能否高效调动学生学习的自觉性、主动性、积极性和创造性上。教师只有了解学生、关爱学生、尊重与信任学生，切实使教学双方在教学过程中实现良性互动，才能够做到教与学二者的有机统一，真正体现学生的主体地位。

【案例】

看客与听众

在一节公开课上，物理教师为了顺利实现预设的教学效果，屡屡让班里几位成绩较好的学生回答问题。学生的出色回答令教师非常满意，教学计划圆满完成。

课后，这位教师认为在课堂教学中充分尊重了学生的主体地位，学生回答问题时的良好表现足以证明达成了预定的教学目标，实现了预期的课堂教学效果。

然而，班上的大多数学生在这次公开课上却只是充当了"看客"和"听众"而已。

2. 教学中"以学生为本"的具体要求

（1）备课中做到"以学生为本"

教师备好课是上好课的基本前提和重要保障。在备课的过程中，教师只有将教材与学生的实际情况紧密结合，才能使备课工作更具针对性，从而更有利于教师充分发挥教学主导作用。因此，教师在备课时应做到以下几点：

首先，教师应了解学生现有的知识水平。教师可通过课前调查、知识测验等方法，了解学生对相关知识的掌握程度。

其次，教师应关注学生的学习动机。学习动机是指引发与维持学生的学习行为，并使之指向一定学业目标的动力倾向，它包含学习需要和学习期待两个部分的内容。所谓学习需要，是指学生在学习活动中感到有某种欠缺而力求获得满足的心理状态。所谓学习期待，是指学生对学习活动所要达到的目标的主观估计。教师可通过与学生交流、日常教学活动观察、与其他科任教师沟通等方式了解学生的学习动机，从而在课堂教学中更加有的放矢地激发和调动学生学习的积极性。

最后，教师还应掌握学生心理变化的规律。通常而言，人的心理发展具有以下基本规律：第一，心理发展是一个既有连续性又有阶段性的过程，是一个量变到质变的过程。第二，心理发展具有方向性和顺序性。认知的发展是从感知动作思维到具体形象思维，再到抽象概括思维的。第三，各种心理机能相互关联，协调发展，某个心理机能的发展会影响其他心理机能的发展。不同年龄阶段的学生会产生相应的心理变化规律。掌握学生的心理变化规律，有利于教师采用更有针对性的教学方法。例如，少年时期的学生大多还处于经验型抽象思维阶段，在进行抽象概括、归纳总结、推理论证时，他们仍需要以具体的形象做支撑。

（2）教学过程中做到"以学生为本"

要在教学过程中做到"以学生为本"，教师应具体做到以下几点：

① 营造尊重学生的课堂氛围。在课堂教学过程中，教师要给予学生自由思考的空间，搭建师生平等交流的平台，让学生乐于说出自己的想法和观点，敢于提出自己的问题和设想，甚至勇于质疑教师及教科书的观点和内容。教师只有深入了解学生对教学的真实感受与认识，才能够因材施教，从而获得良好的教学实效。

② 面向全体学生，尊重个体差异。教师应正视学生的差异，认识到差异的客观性，在教学过程中针对不同的学生选用不同的教学方法或举措，制定与之相适应的教学要求，并给予恰当的教学评价。

在教学过程中，教师不应只看到学习成绩优秀的学生，而忽视了那些在学习上存在问题的学生；也不应忽略学生之间的差异，片面地按照自认为的"统一标准"要求所有的学生。教师应该面向全体学生，给每一名学生都创造成长的机会，搭建发展的平台。只有这样，教学的育人目的才能最大化实现。

③ 突显"以学生为本"的教学方式。"以学生为本"的教学方式应该具有以下基本特征：第一，学生拥有独立思考与探索的时间和空间；第二，学生有能够表达自己思考与探索成果的平台和机会；第三，学生遇到困惑和难题时能够得到教师及时的指导与帮助；第四，学生在学习过程中的各种表现能够得到教师客观、公正、恰当的激励性评价。

（3）教学评价中做到"以学生为本"

教师评价的根本目的是使学生在原有基础上有所进步。在教学过程中，学生对教师的评价是高度关注的，无论是对学生的学习，还是品行，教师的评价都具有非常重要的引导作用。因此，教师在教学评价中应做到"以学生为本"，具体做法如下：

① 不吝夸赞学生。在教学过程中，教师真诚地夸赞学生，表明教师对学生的学习状况、思考过程、思考结果在某种程度上给予了肯定。这种肯定能够使学生在心理上获得成功的快感与喜悦，从而在学习活动中不断保持学习热情。

② 不随意夸赞学生。教师要根据学生的实际表现做出合情合理的评价，切忌没有清晰内涵与明确指向的笼统、宽泛的评价或"应付性评价"，这类评价会使学生陷入一种茫然的状态，从而使评价丧失了激励和导向作用。

③ 一视同仁地评价学生。教师在评价学生时，要公平、公正地对待每一位学生，不偏爱成绩优秀的学生及亲近自己的学生，也不冷落后进生及与自己疏远的学生。尤其是对于那些后进生，教师应善于发现并赞赏他们的闪光点，充分肯定他们所取得的点滴进步，以使之获得愉悦的情感体验，从而激发他们树立自尊心、自信心和自豪感，促使他们能够尽快地在学习上取得进步。

（二）教师如何对待自身的错误

1. 教师错误的具体表现

在日常的教育教学过程中，某些教师对学生常常表现出某种不当甚至过激的言行，这些言行无疑会不同程度地伤害学生的心灵，其所造成的创伤往往会伴随学生的整个成长过程，成为他们挥之不去的心理阴霾。

（1）片面地注重学生的学习成绩

某些教师在日常的教育教学过程中，只看重学生的学习成绩，常常忽略学生在学习过程中的感受和表现。这些教师往往只为"成绩"而教书，压制学生除学习之外的任何爱好和能力的培养，学生也只能为了"成绩"而学习，结果导致本该充满无穷魅力和无限乐趣的学习过程却在事实上成为应付差事的行为。

（2）回避或掩盖自己在教学中的错误

有些教师由于对课程标准（教学大纲）和教材的理解不到位，或出现理解上的偏差等，造成课堂教学出现常识性或科学性的错误，而当学生产生质疑时，他们却对所犯的错误轻描淡写、避重就轻或文过饰非，甚至激愤地反过来训斥学生。这不仅导致学生不会原谅教师的错误，甚至会让学生失去对教师的尊重和信任。

（3）对学生做出不公正的评价

对于学生的所作所为，一些教师不愿或未能做深入的调查分析，仅凭过往的经验或个人的主观想象和推论去做判断或下结论，从而错误地对学生开展表扬或批评。对于那些不应受到批评的学生来说，不公正的待遇会挫伤他们的自尊心，并造成师生间的情绪对立，严重时，还会造成学生人格的扭曲，进而形成师生间难以消除的隔阂。

2. 教师纠正自身错误的具体途径

要纠正自身的错误，教师必须下决心转变和更新教育教学观念，着眼于"一切为了学生"，真正理解"以学生为本"的重要理念，并在教育教学实践中加以贯彻实施，使学生真正成为教育教学的主体。具体来说，教师可通过以下途径来纠正自身错误。

（1）反思自身的教育教学行为

教师要时常对教育教学实践，即教育教学的理念、内容、过程等进行再认识、再思考，并在此基础上对教育教学经验进行总结归纳，借此达到提高自身教育教学水平和专业发展的目的。

① 反思自身的教育教学理念。每位教师的教育教学行为都是在一定的教育教学理念的指导下实施的。也就是说，教育教学行为是外在表现形式，教育教学理念是内核。而教育教学理念却又是最容易被教师忽视的。有些教师对教育教学行为的反思仅停留在行为表面，而没有反思更深的理念层次，如教育观、教学观、学生观等教育教学理念。教师在反思教育教学行为时，只有深入反思指导行为的理念，才能使反思深刻而有效。

② 反思教育教学行为的相关问题。当教育教学出现问题时，教师除了反思自己的

教育教学理念外，还要反思教育教学行为是否出现了问题。教育教学行为包括对教学方法的运用、对教学重点与难点的把握、对教学资源的使用、师生互动、对学生的激励与评价等。

（2）敢于在学生面前承认自身的错误

教育教学水平的衡量标准不断提升，来自社会各方的种种压力不断增多，教师在教育教学工作中难免会出现一些错误。敢于承认错误，是教师职业道德的基本规范。真诚的认错态度是一种无声的人格魅力，能够让教师更多地赢得学生的信任，受到学生的尊敬和爱戴。同时，在一定意义上，这种人格魅力具有非凡的感染力与感召力，能够深入、持续地渗透学生的心灵，潜移默化地对学生的为人处世态度产生积极的影响。

（3）善于利用错误

教师应善于利用改正错误的机会，让"错误"更好地为教学服务。对于指出教师错误的学生，教师应给予表扬，以此向学生传递一种理念：做学问要有严谨求实的态度。

与此同时，教师可"将错就错"，调整教学设计，引导学生展开讨论，分析错误的缘由，寻找改正错误的方法。

（三）教师如何对待学生的错误

1. 了解学生出现错误的原因

学生的错误一般是指学生在日常生活和学习中所表现出来的在某种程度上偏离其健康成长的正确轨道，或违背其须遵循的正确原则的思想与行为。学生出现错误的主要原因如下。

（1）学生自身的因素

作为未成年人，学生的身心正处于发育时期。他们好奇心重、模仿能力强、社会阅历少、是非辨别力弱，难以独立抵御外界的各种不良诱惑和影响，因此，社会上的某些错误观念、负面现象及不法行为会诱导他们产生错误的思想或行为。

与此同时，一些学生由于缺乏正面思想的引导，是非不明，缺失应有的自尊、自爱、自立、自强的坚定信念，盲目追求感官刺激，无心学习，贪恋玩乐，结果不仅导致学业因虚度宝贵时光而荒废，使自身精神状态也受到影响。有的学生还会因此逐步误入歧途，甚至堕落到因触犯法律而被开除学籍的境地。

（2）家庭因素

家庭环境的好坏直接关系着学生的价值取向及其道德品质的优劣。一些学生因父母离异或外出打工，得不到家庭应有的教育、亲情和关爱。这使他们产生了不良心理，以及养成了不良习性，如产生自卑心理、打架斗殴、偷盗财产、伤害他人、扰乱学校及社会秩序等。

家长的教育思想出现偏差或教育方式不当，也是学生产生错误思想或行为的不可忽略的重要因素。例如，有的家长抱着只要孩子不出什么大问题便听之任之的心态，从而使孩子形成放任自流的状态。

（3）社会环境因素

随着年龄的增长，学生接触社会的机会逐渐增多，诸多不良的社会风气乘虚而入。一些不健康的书刊、游戏、网站，以及具有各种恶习的人员等，都会对学生产生恶劣的影响。

另外，由于学生处于世界观、人生观、价值观的形成时期，还不能对各类社会现象进行准确的辨别，所以对各式各样的拜金主义、享乐主义和极端的个人主义等错误思想和腐朽观念缺失由坚定的立场和坚强的意志所支撑的抵御能力。这使得学生的价值取向与行为方式脱离正轨，出现严重的偏差。

2. 采取正确对待学生错误的态度和方法

为了引导和帮助学生纠正错误，社会、家长、学校、教师乃至学生要齐心协力、相互配合，形成和衷共济、齐抓共管的大好局面。其中，教师应采取以下正确的态度与方法对待学生的错误。

（1）树立"尊重学生"的观念

自尊是人们普遍具有的一种心理需要，学生也不例外。教师在对犯错误的学生进行教育时，如若不尊重学生（如使用过激语言等），则会严重伤害学生的自尊心，且会使学生因恐惧和愤怒而产生强烈的抵触情绪乃至抗拒心理，从而对教育效果带来不利影响。因此，教师在教育犯错误的学生时，应牢固树立"尊重学生"的观念，切实呵护学生的自尊心，坚决摒弃一切有损于学生自尊心的不当或过激言行。

【案例】

尊重从课堂开始

让学生学会尊重，关键在于教师自己怎么做。有位名师曾这样说过："为人师表，请从课堂开始。"

在一次晚自习课后，一名学生问自己的老师："老师，您每次叫同学回答问题的时候，有些同学不会或者答错了，您还坚持让他说完，这样不是很浪费课堂时间吗？"

老师解释说："第一，即使同学回答错了问题，也不能中途打断他，否则就是一种不礼貌的表现，老师要给他说话和表现自我的机会；第二，如果不让同学说完，就立刻批评同学说'不对'，会给同学造成心理伤害；第三，虽然他这一次回答得不对，但老师能听他说完就会给他信心，他会在今后更加主动地思考，更加积极地回答问题；第四，至于课堂时间的问题，时间的把握关键在于老师自己，相比讲课，将这一两分钟花在尊重同学上更为重要。"

（2）把握好教育的时机和分寸

教育学生并非在任何时候、任何场所都会有效。如果教师不注意时机的选择，随心所欲、随时随地教育学生，容易适得其反、事与愿违。例如，学生上课时、活动中、情绪不稳定时、积极做某事或参与某项活动时，教师心情不佳时、未了解清楚事实真相时，均不适合教育学生；有些教师习惯在教室或办公室当众教育学生，认为这样具有威慑力，但实际上这会引起学生的反感和抵触。教师应该在了解清楚事实真相后，利用课间休息时间，选择校园小道、花圃旁等适合的场所，对学生进行教育。

此外，教师还应善于在教育时把握好分寸。对于学生的错误，教师既不可夸大其词，也不可轻描淡写，而应指出错误并帮助学生找到改正错误的方法，同时应给学生留下自我反思、自我批评的空间。

（3）注重因人而异

教师在教育犯错的学生时应做到因人而异，即注重区分学生的性别、年龄、性格、知识水平、心理状态等，从而有针对性地实施教育。这样，教育才能取得良好的效果。

例如，就性格而言，对待那些性格外向、活泼开朗的学生，教师可以采用直接指出其错误的教育方式；对待性格内向、情感脆弱的学生，教师可以借用联系比较的方法，让其通过相关事例间接地领悟到自身的错误；而对于脾气倔强、秉性刚直的学生，教师应选用温文尔雅、和风细雨的说理方式展开教育。

（4）保持宽广的胸怀和包容的心态

爱因斯坦曾说过："谅解也是教育。"对于学生一时、一事的某些过错，尤其是在非主观故意的情况下出现的过错，或其自己已经意识到的错误，教师应该以宽广的胸怀和包容的心态去对待。这样更能激励学生树立起信心，勇敢面对并改正错误。

值得注意的是，包容绝不是纵容。对学生包容的目的是给他们留出一定的时间和空间，让他们主动去感悟和思考，自觉地矫正自己的错误行为。

【案例】

耐心可以改变孩子

我有一笔独特的财富，那是一沓张张都遍布红色批语的作文。红色的线条、批语、留言是老师仔细批改每一篇作文的见证……我把它们认真地收藏起来，视为珍宝。因为，正是它们，铺成一条蜿蜒曲折的小路，使我在这条练笔之路上慢慢走来，一路收获……

最初写作文的时候，我总是顾不得检查就急着往老师那里交。她往往是迅速地看一遍后说："哦，我怎么发现好多字都穿错衣服了，快回去检查一下。"当我仔细检查修改完，再交上去之后，老师会先说一句："嗯，真好！"然后就又提出新的要求，比如"你再变换点比喻句和拟人句就更好了"，并边说边指点着我在要调整的语句下做记号。就这样，经过一遍一遍地修改之后，老师才把我的作文"收留"下来。

可当作文发下来之后，我总会看到自己的作文纸上遍地开新花。无论是字里行间，还是作文纸上的边边角角，都布满了老师那红色的小字。最后，还总是有这么一段话："××，你的作文又有了小麻烦，再改一改……"最开始，我还真不适应。可老师却常说，有些问题她当堂课来不及细看，回家后再仔细阅读、推敲，所以又给我提出来了。

现在，每当我看到老师批改完的作文，总是会很开心地笑着，兴奋地投入新的挑战。同学们也会比赛似的参照老师的批语一次又一次地修改作文。老师呢，则很可能是再次发回一份待完善的作文。

（5）给予必要且适度的惩罚

对于屡次犯错且屡教不改的学生，教师有必要给予适度的惩罚。必要且适度的惩罚会引发学生内心的不安与愧疚，强化学生对是非标准的认知，从而对学生起到教育和引导作用。

教师应认识到惩罚学生的目的是促使学生认识到自身的错误，进而能够及时改正错误并保证以后不犯类似的错误，因此，惩罚是教育的手段而非目的。同时还应注意，适度的惩罚应包含着对学生的尊重与关爱，应给予学生改正的时间与机会，并对学生的未来寄予希望。

此外，在适度惩罚之后，教师还要对犯错学生的日常表现、思想波动、精神状态等进行跟踪观察，以检验效果，并及时对学生的进步给予鼓励性的评价。

（四）教师如何面对学生的质疑

1. 正确认识学生质疑的意义

（1）有利于培养学生的创新意识

学生对教科书中所谓"标准答案"的质疑以及对教师"权威"的质疑，不仅彰显出他们人格精神的独立性，更体现出他们勤于动脑、独立思考。而人格独立、勤于动脑、独立思考是创新意识形成的必要条件，因此，教师在教学中应鼓励学生大胆质疑，激励学生敢于提出与教师或教材不同或相反的观点。

（2）有利于推动教师专业素养的提升

传统的教学形式是教师按照课前准备的教案进行讲授，学生理解、接受教师讲授的内容并回答由教师预先设计的问题。而当学生能够主动提出问题并敢于质疑教师时，传统的课前准备难免会让教师有无能为力或捉襟见肘之感。教师若想随机应变地生成有价值的教学内容，就必须不断提升自身的专业素养。这种教学形式无疑会极大地促进师生的共同发展，从而形成教学相长的良好局面。

2. 掌握正确面对学生质疑的方法

（1）善待质疑的学生

对敢于质疑的学生，无论其质疑的时间、场合是否适当，无论其质疑的内容是否合理，无论其质疑的态度是否恭敬，教师都应该无条件地善待质疑的学生。

为此，教师应做到以下几点：①充分、恰当地肯定敢于质疑的学生，表扬学生凭借自己的独立思考提出与教师、书本以及与人们惯常的认识不同的观点，以激励学生勇于、善于质疑，进而提出自己独到的见解；②力求呵护好学生的好奇心和求知欲，进而以学生的疑问为突破口和切入点，推动学生不断发现新问题；③面对学生的质疑，既不能不懂装懂，也不可敷衍塞责，应本着"实事求是"的科学态度，向学生传播踏实、认真的学习精神。

【知识链接】

苹果为什么不是方形的

美术课上，教师在教学生们画苹果。

一名学生就教师刚画好的苹果提出问题："老师，您为什么不将苹果画成方形的呢?"教师微笑着问："你准备画方形的苹果吗?"学生回答说："是的，因为我在家里看见妈妈把苹果放在桌子上时，苹果很容易滚落。我就想，如果苹果是方形的该有多好呀!"教师鼓励他说："你真爱动脑筋，愿你将来能成为科学家，培育出方形的苹果。"

（2）放下教师的架子

学生应当尊重教师，但教师也不能抱有自以为是或好为人师的心态，更不能威逼、压迫学生顺服自己。

在当今社会，科学技术的突飞猛进使得学生获取知识的途径不断增多。面对新时代、新现象，教师应通过信息共享，与学生共同学习、互相交流，构筑师生"学习共同体"，从而实现教学相长。

（3）引导学生自我解疑释惑

对学生提出的某些问题，教师应有效地启发学生，引导学生自己去解决问题。例如，对于学生的质疑，教师可鼓励学生充分利用图书馆及网络资源，通过资料的收集、整理与分析，自己独立解决问题；可让学生组成学习小组，集体探究解决问题；等等。

（4）与学生共同探讨正确答案

对于学生的质疑，教师在当时可能无法完全进行清晰地解释。此时，教师不妨将该问题作为师生课外共同探讨的重要课题，与学生一起通过查阅资料、认真分析来寻找答案。在学生与教师意见不同时，教师还可鼓励学生进行更为深入的思考来挑战并超越自己。

师生间良好的情感关系是联结师生的纽带和桥梁，也是教师做好教育教学工作的必要条件。

二、师生间的情感关系

（一）教师如何面对学生的孤僻与冷漠

1. 认识学生孤僻与冷漠心态的成因

（1）社会因素

社会主义市场经济的全面发展促进了社会的全面进步，同时也使社会上出现了一些拜金主义、享乐主义、腐朽生活方式的偏激倾向。于是，见利忘义、唯利是图、坑蒙拐骗、权钱交易、贪污受贿等社会不良现象时有发生，对社会风气造成了较大的不良影响。

学生通过媒体报道或观察身边的人和事，得知有些人对帮助自己的人不是感恩图报，而是诬陷栽赃；有些人对急需帮助的人不是尽己所能地奉献爱心、施以援手，而是不为所动、袖手旁观。这些反面事例所释放的负能量，客观上强化了学生自身存在的种种消极观念，促进了学生孤僻与冷漠心态的形成。

（2）家庭因素

由于家长的过度宠爱，某些学生渐渐具有了"以自我为中心"的思想特征；离异家庭的增加使得越来越多的学生遭遇亲情的缺失，感受不到家庭的温暖；一些家长只顾忙于工作，无暇顾及孩子，也不了解教育孩子的正确理念及方式。种种因素使很多家庭陷入了家庭教育的误区：家长或者仅仅注重孩子的学习成绩，忽视了孩子其他方面的发展；或者试图用金钱或其他物质方式弥补无法关注孩子的缺憾；或者听之任之、顺其自然地对孩子放任自流。这些错误的教育方式使得学生逐渐形成了孤僻、冷漠的心态。

（3）学校因素

在一些学校，学生的考试成绩成为评价学校、教师和学生的基本标准，甚至唯一标准。教师在学生考试成绩评比的重压下，被迫将更多的精力用于关注学生的成绩。一些教师甚至为了实现提高学生成绩这一短期目标，而采用一些严重违背教育教学规律与规范、严重践踏教师职业道德和良知以及严重挫伤学生心灵的错误方法，例如，挖苦、讽刺、孤立学习成绩差的学生，当面训斥学生家长等。教师的上述行为，使得学生很难从教师那里感受到心灵上的关爱、抚慰和支撑，从而逐渐形成了孤僻、冷漠的心态。

（4）学生自身因素

随着年龄的增长，学生的独立意识显著增强，他们开始反感听命于人，甚至在特定条件下产生强烈的叛逆意识，因而不能顺利地适应现实环境，也不能较好地处理与家长、老师和同学的关系，一些偏激的学生还会选择对周围的人和事冷眼旁观、漠不关心。

此外，有的学生的心理承受能力较弱，当理想与现实相距甚远或者发生冲突时，他们渐渐会滋生出不满、低落和失望的情绪；还有的学生性格内向，平日郁郁寡欢、沉默寡言，总是回避与老师、同学的沟通和交流。上述这些情况既可能是导致学生对周围人际关系产生孤僻、冷漠心态的重要因素，也是其孤僻、冷漠心态的表现。

2. 掌握对待孤僻、冷漠学生的有效措施

（1）分析学生孤僻、冷漠心态形成的具体原因

全面且深入的原因分析是解决问题的前提和基础。因此，对待孤僻、冷漠的学生，

教师首先要做全面的归因分析。

① 统计具有孤僻、冷漠心态学生的数量。教师应较为准确地掌握班级中具有孤僻、冷漠心态学生的数量。如果班级中具有这种心态的学生的数量较少，那么造成学生这种心态的原因通常来自学生自身或其家庭；如果班级中具有这种心态的学生的数量较多，那么造成学生这种心态的原因通常与班级风气或社会事件有关。

② 与相关人员交流沟通。学生孤僻、冷漠的态度使得教师一般很难与其直接沟通交流，此时，教师可选择与学生的家长、其他科任教师，以及与其交往较多的同学沟通，从侧面了解这名学生的性格特征、思想状态、家庭状况等。

③ 认真观察具有孤僻、冷漠心态学生的言谈举止。教师可在课堂教学和集体活动中观察具有孤僻、冷漠心态学生的表现，掌握第一手材料，尽可能全面地寻找与其孤僻、冷漠心态形成的有关原因。

（2）团结多方力量共同帮扶

教师要团结多方力量来共同帮扶孤僻、冷漠的学生，使他们感受到人与人之间的美好情谊，挖掘被掩埋在他们心灵深处的真挚情感，催生他们对未来学习、生活的美好愿景。

① 与家长配合，营造温暖的亲情。温暖的亲情是打开学生孤僻、冷漠心灵的钥匙。为此，教师可为缺乏与孩子沟通的家长提供指导，为他们提出一些行之有效的建议。例如，摒弃不必要的说教、指责甚至训斥，就孩子感兴趣的话题多交流，在孩子健康的兴趣爱好上给予更多的物质和精神鼓励，等等。

② 与其他教师合作，给予学生更多的关爱。在日常的教学过程中，教师除常用亲切、温馨的话语多与学生进行交流外，还可与其他科任教师合作，多发现学生的学科特长，多给予其表现机会。

③ 与学生联合，加强与学生的沟通。教师可选择心态好、人际交往能力强、有责任心的学生在集体活动中主动与孤僻、冷漠的学生交往，并可联合学生逐步参与到他们的沟通交流中。由于学生之间的交往具有伙伴性和非强制性，因而能够让孤僻、冷漠的学生更乐于接受。

（3）注重自身的引领性和教育性

教师的言谈举止能够对学生起到示范和指导作用。因此，教师可通过以下途径引导和教育学生：

① 信任学生。信任学生是教师改变学生孤僻、冷漠心态的基本准则之一。教师不仅要在主观上信任学生，而且要在客观上让学生切实感受到教师对他们的信任。

从教师的角度而言，信任体现在三个方面，即融合、支持和共处。融合是指教师完全设身处地地替学生着想，清楚学生的真实感受。支持意味着教师能从学生的立场出发来扶持和帮助学生。共处是指教师能和学生打成一片。

② 认真倾听学生倾诉。教师认真倾听学生的倾诉，能促使学生敞开心扉、直抒胸

臆，表达自己真实的思想情感，从而改变自己孤僻、冷漠的心态。在认真倾听学生的倾诉时，教师能够转述所听到的内容，并以包容的心态尊重学生所表达的情感。通过这种方式回应学生的表达，证明教师理解了学生的话语和感情，此时，倾听才具有良好的效用与价值。

③ 给学生以积极的暗示。心理学研究表明，人们通常会受到心理暗示的直接影响。人的心态是否处于良好的状态通常是决定其做事成败的关键要素。积极的心理暗示有助于人们勇敢地面对暂时的挫折或一时的失利，牢固树立必胜的信念，相信前景光明，从而保持不断开拓进取的旺盛斗志，积极设法摆脱困境。

因此，教师在教育教学活动中可以使用某些有特定意味的手势、表情、眼神等辅助语言表达，借以暗示对学生的充分信任与诚恳鼓励，以使之逐渐形成良好的心境。

（4）营造良好的班级氛围

① 采用小组合作的学习方式。在课堂教学中，教师可尝试根据学生的性格、成绩、交际能力等建立若干个学习小组，让学生在小组内合作学习，并引导学生学会与不同类型的同学相处，引导组内同学互帮互助、携手并进、共同提高。与此同时，教师可为小组布置一些需要合作才能完成的实践活动，让学生享受分工合作、彼此配合取得工作成果的乐趣。

② 营造积极健康、昂扬向上的氛围。良好的班级氛围可促进学生彼此激励、竞相奋进，进而促使那些孤僻、冷漠的学生告别原有的心态。

积极健康、昂扬向上的氛围的形成需要科任教师、班主任和学生的齐心协力。在学科教学过程中，教师所具有的一丝不苟、精益求精的敬业精神，和蔼可亲、广博包容的人格魅力，专心致志、求实严谨的治学品质，循循善诱、引人入胜的教学方法，乃至炉火纯青、高超卓越的教学艺术，对于营造积极健康的班级氛围具有举足轻重的作用。

（二）教师如何解决学生对自己的过度依恋

1. 了解学生过度依恋心态的成因

（1）学生心理的影响

① 自卑。自卑的学生通常对事物带来的消极后果有放大趋向，并极易产生悲观的不良情绪，而且不容易将自身的某些消极体验及时设法宣泄和化解。在此情况下，一旦某位教师表现出对其人格的充分尊重和爱护，以及对其能力的充分肯定和信任，这些学生就会对该教师形成某种良好甚至极佳的印象。随着与该教师交往的日益频繁和加深，学生往往就会产生对这位教师过度依恋的问题。

② 渴望受到关注。学生大多都希望得到教师的关注，渴望教师能够用实际行动去关心自己、爱护自己。如果某位教师主动接近学生，做学生的知心朋友，发现学生身上的可爱之处和闪光点，并充分尊重、积极鼓励和热切期待学生的进步与成绩，那么学生就会将这位教师视为其情感支柱，并极易对这位教师形成过度依恋的心态。

（2）人际关系的影响

① 家庭关系的和谐程度。家庭的和谐程度会对学生的身心发育产生重要的影响。若家庭成员之间的交流缺乏基本的尊重与信任，当学生遇到困难和问题时，就很难从父母那里得到具体的、有指导意义的帮助或启发，久而久之，学生与父母之间就形成了一道"屏障"，阻碍了双方正常的情感交流通道。在这种情况下，若教师表现出对学生的关切，学生就非常容易对教师产生过度的依恋。

② 学校的教育氛围。当学生所在的学校、班级或科任教师给予学生的负面评价过多，或者某些教师的教育方式过于简单粗暴，就会影响甚至挫伤学生在校园内的正常人际交往，导致一些性格内向、人际交往能力较弱的学生对多数教师关闭情感交流的大门，并对那些对自己没有成见的教师产生依恋心理。

③ 与同伴交往的能力。同伴交往对学生的身心发展有着非常重要的作用。在与同伴的友好交往中，学生能够学会在彼此平等的基础上协调好各种关系，充分发挥个体活动的积极性、主动性及创造性，从而为将来更好地适应社会打下坚实的基础。但有些学生在社会交往方面存在较为突出的同伴交往障碍，表现为在与同伴交往时胆怯、自卑。此时，若有教师能够耐心地帮助这些学生营造适宜交流和沟通的环境与氛围，想方设法疏导与排解他们的胆怯、自卑心态，学生就可能会对教师产生过度的依恋。

【案例】

离不开老师的同学

刘莲同学虽然学习成绩优秀，但其性格较为内向，甚至有些自我封闭，不愿与老师和同学有正常的交往。多数教师认为她是一个比较孤僻、个性较强、冷漠的孩子，不易接近。

刘莲的母亲曾对老师说，孩子对家长几乎没有谈话的兴趣，自己平时也不敢和孩子有过多的交流，否则不仅会惹孩子不高兴，甚至会遭受孩子的冷眼和厌烦。

而刘莲的道德与法治科任教师张老师似乎和其他教师有所不同。自从她和刘莲有过一次长达两个小时的促膝长谈后，她渐渐发现，刘莲越来越依恋她了。在课堂上，刘莲总是面带幸福的微笑凝望着她；课下交流时，刘莲更是用不舍的眼神深情地注视着她，紧紧地拉着她的手，依偎着她，像是怕她突然消失了似的；周围没人时，刘莲甚至会动情地央求张老师说："您能抱抱我吗？"

当道德与法治课程的考试成绩不理想时，刘莲会满面愁容、情绪低落，也常会因为"有问题"而给张老师打电话，但在电话里却又充满情意喃喃地说："我就是想听听您的声音。"

2. 掌握纠正学生过度依恋教师心态的方法

学生过度依恋教师的现象虽不能说是现实教育工作中的普遍现象，但也不可轻易认为是"可以忽视的个别事例"。因为是否有效纠正学生的过度依恋心态，关系到学生今后的心理及与人交往的问题，关系到学生今后能否健康成长，因而教师必须认真对待，切不可掉以轻心。教师可通过以下几种方法来纠正学生的过度依恋心态。

（1）注重自身的言行

面对过度依恋自己的学生，教师的态度要端正，既不能独自"享受"这份依恋，更不能刻意回避。教师应该正确引导学生，既要让学生感受到自己会一如既往地关注他，又要引导学生适当转移人际交往的注意力和着重点，让学生感受到来自其他教师及同伴的关注。

教师也应该多与其他科任教师交流，让其他教师了解学生的具体情况，并共同关注学生的发展，帮助学生尽快走出过度依恋某位教师的误区。

教师还应在学生不易察觉的情况下，适当减少与学生谈话的次数和时间，尽量淡化谈话内容中教师个人的色彩，多给学生一些与其他教师和同学交流的机会。

（2）引导学生形成角色认同

教师要引导学生形成角色认同，引导学生逐步形成兼具"个性"和"个体社会化"的自我意识，帮助其在认知自我的基础上，进一步调整自身的行为，主动、自觉地协调好自己的人际关系。

（3）引导学生多与他人交往

教师应该鼓励学生大胆地与他人交往，当学生获得点滴的进步时，教师要给予及时的肯定与充分的鼓励，从而帮助学生树立正确的交往观。

首先，教师应当引导学生学会欣赏不同的教师。教师要让学生知道世界是多样性的，人也具有多样性，引导学生用欣赏的眼光去发现不同教师的可敬之处和优秀之处。

其次，教师应当引导学生积极地与同学交往。教师要为同学之间的交往创设机会，教会学生拥有正确的交往心态，如真诚、尊重、礼貌、宽容等，让学生感受并拥有同伴间的真情与友谊，从而愿意并乐意与同学交往。

最后，教师应当引导学生学会与父母相处。教师可以给学生提供一些与父母相处的具体做法，并要求学生落实，把结果反馈给自己。同时，教师也要相应地做好家长的工作，与家长积极配合，对学生的做法进行以鼓励为主的点评，并鼓励学生和家长不断改进。

（三）教师如何提高自己的情商

1. 为何要提高情商

提高教师的情商是促进学生健康成长的重要因素。教师对学生有示范、引领作用，教师的自知、自控、自励、共情能力会直接影响到学生的自我认知与自信心、自我情绪控制、抗挫折能力、人际交往能力及合作能力。

提高教师的情商还是教师调控学生心理问题的基本要求。我国小学生存在的种种心理问题已经成为摆在教育行政管理部门及广大教师面前亟待解决的重大课题，这对教师提出了严肃的挑战与更高的要求。只有高情商的教师才具有更好的心理诊断能力、心理把握能力以及心理调适能力等，能够更好地帮助学生调控心理问题。

2. 提高情商的有效途径

（1）做情绪的主人

情绪管理是一门学问，也是一门艺术。教师要通过不断的学习和历练，并善于总结、改进，才能恰到好处地掌控情绪。教师首先要准确认知自我情绪，然后合理、有效地调整和管控自我情绪，进而成为情绪的主人。

① 准确认知自我情绪。当今社会，教师会受到来自各方面的压力，如生活压力、经济压力、工作压力、竞争压力等。这些压力可能会使教师深感负担沉重，从而产生较为严重的负面情绪。此时，教师需要清晰地认识到产生这些负面情绪的原因，准确地识别自己在产生负面情绪的环境中所处的地位，以便有针对性地调控自己的情绪。

② 有效调控自我情绪。教师可通过以下三种做法控制和调节自我情绪：

首先，教师要主动选择积极情绪。一方面，教师要正确评价自己，多发现自身的优势，从而更多地体验积极情绪；另一方面，教师应多用愉快的情绪来取代不愉快的情绪，以降低负面情绪给自身带来的不良影响。

其次，教师要适时、适度地表达情绪。例如，教师在工作中难免会出现愤怒的情绪，如果压抑情绪，可能会导致过度焦虑，久而久之，甚至可能发展为严重的心理疾病；但若随即发泄，愤怒的情绪可能会造成严重的后果。此时，教师应该适当地控制自己的情绪，适度表达内心的气愤，或找知心好友倾诉内心的不满，或通过暂时回避的方式进行冷处理，待情绪平稳后，再适时、适度地表达自己的想法。

最后，教师要学会抛弃不必要的压力，转向培养自己良好的心态和提高自己的专业素养，从而增强自信心，从容应对来自各个方面的压力。

（2）培养自励精神

所谓自励，就是自我鼓励以增强自信心。

在面对挫折与失败时，具有自励精神的教师会以一种豁然达观的态度去面对，表现出一种无所畏惧和不屈不挠的精神品质。他们会正视挫折与失败，客观分析其中的原因，总结其中的经验和教训，再次踏上征程，最终获得成功。

（3）学会换位感受与思考

所谓换位感受与思考是指感同身受，设身处地为他人着想，即感人所感、想人所想、理解至上的一种处理人际关系的方式。

教师要达到对学生感同身受，需要做到以下两点：

首先，教师要了解学生的所思所想。教师要利用各种机会与学生进行沟通交流，了解学生的兴趣爱好、学生关心的热门话题等，进而在教育教学中更好地做到"以学生为本"，从而收到良好的教育教学效果。

其次，教师应当包容学生的缺点和错误。"人非圣贤，孰能无过。""过而能改，善莫大焉。"学生作为未成年人，难免会出现这样或那样的错误。教师要有包容之心，遇到学生犯错时，应先弄清楚事情的来龙去脉，批评学生时要就事论事、有理有据、以理服人，此外还要给予学生认识错误的时间和改正错误的机会。

第二节　教师之间的道德问题

一、教师之间的人际关系

（一）教师关系中的问题表现及成因

1. 教师关系中的问题表现

教师之间的矛盾主要存在于同一学科的教师、不同学科的教师、一般教师与优秀教师、持不同学术观点和教育思想的教师之间，以及不同年龄和人生阅历的教师之间。具体来说，教师关系中的问题主要表现在以下几个方面。

（1）自私自利，不考虑他人

有些教师的自我意识过强，只关注自己的利益和兴趣，而不考虑他人的感受，忽视他人的利益，不尊重他人，甚至把他人当作工具来使唤。

（2）自以为是，妄自尊大

由于教师之间在知识积累、教学经验、能力素质等方面存在差异，因此每个学校或多或少地都存在着优秀教师与普通教师之间的矛盾。有的教师因为自己在教学方面的成绩突出，所以在其他教师面前自恃清高、自命不凡且非常固执，平时也经常流露出轻蔑其他教师的态度和话语。

（3）多疑多事，嫉妒心强

有些教师对他人的言行举止异常敏感，对人淡漠，性格孤僻，不喜欢与他人交往；有些教师则嫉妒心强，好贬低他人以抬高自己，甚至中伤他人；也有些教师对同事的私事过分地关心，以打听、传播和干预别人的私事、秘密为乐趣，进而引起其他教师的不满甚至是厌恶，从而影响了同事之间的关系。

（4）拉帮结派，制造分歧

例如，有些教师想在学校的年度考核或评优评先活动中取得好成绩，但其不是努力提高教育教学能力和水平，而是把大量的时间和精力用在拉拢关系、组建小团体上，进而引发了更多教师在工作上的分歧，这不仅影响了自身工作的效率和质量，也给整个教师团队的发展造成了不良的影响。

【案例】

李老师的烦恼

李老师在单位里应该算是一位比较优秀的教师了，教学成绩年年排在同年级的第一名，每年的业绩考核都是"优秀"，总能获得奖金或外出旅游奖励。但他却说："虽然我的成绩是令人羡慕的，但我一点儿都高兴不起来。在平时的工作中，我感觉得到同事对我是敬而远之的。不过，其他同事之间的关系也很淡漠，几乎看不到教师们凑在一起讨论问题的场面。很多教师因为担心成绩落后，整天忧心忡忡，心理压力特别大，有的教师甚至采取不正当的竞争手段来拉高成绩。没有竞争就没有进步，但是过于强调竞争，而忽视了对教师的人文关怀，这也是我们不愿看到的。"

2. 教师关系问题成因分析

教师之间矛盾的存在，不仅使得教师的工作难以顺利开展，而且还极有可能因内耗致使教育教学效果大打折扣。在教师职业道德建设中，分析教师人际矛盾产生的原因，是化解这些矛盾的前提。

（1）社会方面的原因

当前，我国社会依然处于转型期，社会利益的分化、文化碰撞的加剧等，不仅使人们陷入了思想困惑和价值冲突之中，也加剧了人与人之间的疏离感和不信任感。受社会上各种思潮的影响，教师之间的关系变得更加复杂，教师之间的距离感也越来越强。

（2）学校方面的原因

随着学校之间的竞争加剧，为了在竞争中获得有利的地位，各个学校对教师的评价越来越严格，例如，很多学校将教师的工作成绩分为优、良、中、差等不同的等级，并据此对教师进行奖惩。由于这些评价关系到教师的声誉、职称，甚至能否继续工作等，因此，这不仅导致教师承担的压力加大，而且使教师之间的竞争变得异常激烈。这在客观上不利于教师的团结互助、共同发展。

（3）教师自身的原因

由于教师在生活背景、受教育程度、性格等方面存在差异，因此他们在教学方法、教学风格、处理问题等方面也存在着差异。这必然会影响到教师之间的人际关系。

从认知的角度来看，很多教师都存在权威心理，总是摆出权威的架势，这样做非但不能让其他教师尊重自己，反而会被孤立，得不到其他教师的支持和信任。从情绪和个性的角度来看，有些教师由于情绪化比较严重、喜怒无常、个性要强等，导致其与其他教师之间的人际关系紧张。还有的教师起初是抱着教书育人的意愿投身教育事业，但是后来发现自己的付出并没有得到预期的回报，自己的经济状况和社会地位都不如他人，因此产生了心理不平衡感或自卑感，这也会影响到教师的人际交往。

（二）教师之间建立和谐人际关系的原则

1. 相互尊重原则

和谐的教师关系的形成必须以教师之间的相互尊重为前提。在与同一学科的同事相处的过程中，教师能够做到尊重对方，虚心向对方学习，不仅有利于和谐人际关系的建立，而且对于自身专业素质的提高也是大有裨益的。与此同时，教师对不同学科的同事也应给予尊重，因为每一门学科都是社会发展需要的产物，都是完善学生的素质所必不可少的，肯定自己所属学科的价值不应以轻视甚至贬低其他学科的价值为代价。只有这样，教师之间才有可能建立和谐的人际关系。

2. 平等相待原则

在当今社会，人们之间只有社会分工和职责范围的差别，而没有高低贵贱之分。在一所学校里，领导与教师、教师与教师、教师与学生之间在人格上都是平等的，双方应该平等相待。这是教师建立和谐、融洽的人际关系的基础。

3. 谦虚请教原则

谦虚请教原则是教师建立和谐人际关系的"润滑剂"。在工作的过程中，教师应谦虚地向同事请教，互通有无，共同研究教学方法与技巧。例如，对于新教师来说，在其刚走上工作岗位时，要虚心地向经验丰富的老教师请教；对于普通教师来说，应该虚心学习优秀教师、先进工作者和模范班主任的工作态度和宝贵经验，并将这些精神财富发扬光大。谦虚地向同事请教不仅有利于教师教育教学水平的提高，也有利于教师之间关系的融洽。

4. 互助原则

教师与同事应互相关心、互相帮助、互相支持、互通有无、互相促进，这既可以满足双方各自的需要，又可以促进相互的联系。教育是一个系统工程，不是仅凭一个人的力量就可以完成的。教师只有通过交流工作经验、共同参与活动、共同解决问题等方式互助合作，才能实现共同发展。另外，若教师在面临困难时能够得到同事的帮助，大多会铭记于心，这也会加深双方的情谊。

5. 相互包容原则

教师在与同事交往时，要能克己容人。例如，在与同事争论时，要掌握好分寸，避免使用过激或刻薄的语言，对于非原则性问题的追究要适可而止。

同一学科的教师在相处过程中尤其要具有包容意识。这些教师相处的机会比较多，时间一长，虽然彼此能够看到对方更多的优点，但双方的弱点或缺点也会暴露无遗。教师要认识到"金无足赤，人无完人"，每一位教师都会存在自身的不足，这些不足若不是品质方面的缺陷，不应该成为影响彼此之间交往的理由。如果教师能够以包容的态度与同事相处，或者耐心地帮助同事弥补这些不足，就会形成和谐融洽的关系以及共同进步的良好局面。

（三）教师之间建立和谐人际关系的具体方法

1. 同一学科的教师要互相学习

即便教同一学科的教师，因毕业于不同的院校、教龄有长有短、知识储备不同、做事风格不同等，在教学方法、教学风格上也存在着较大的差异。例如，老教师虽然教学经验丰富，但容易墨守成规，缺乏开拓创新精神；年轻教师虽然多具有创新精神，锐意进取，但多缺乏教学经验，做事容易凭热情。

因此，同一学科的教师之间不应相互拆台、相互嫉妒，而应该团结协作、相互学习、取长补短、共同研究、共同进步。例如，教龄长的老教师不能因年轻教师的经验不足而不屑于与其交流，而年轻教师也不能因老教师的"因循守旧"而不"与之为伍"。老教师应多学习年轻教师的新思想、新方法，年轻教师应多向老教师请教教学经验与教学方法。

2. 不同学科的教师应互相尊重

现代社会对人才的要求越来越高、越来越全面，需要一个人掌握的知识和技能越来越多、越来越深。这使得学科不断交叉与融合，现代教育功能不断多元化，人才培养不断复合化，使得教育工作不再是某一位教师能够独自胜任的，学生综合能力的培养需要发挥教师集体的智慧。因此，任教于同一个班级的不同学科的教师之间必须以相互尊重、相互配合作为相处的基本原则。

在具体的实施中，教师需要注意以下三个方面的问题：一是所谓的"正科"教师必须打消对所谓"副科"教师的不屑、不尊重、不理解；二是在课堂教学中，每一位教师都不应该为了使学生重视自己所教的学科，而在学生面前有意无意地诋毁其他科目，否则，不仅会引起其他学科教师的反感和不满，造成同事之间本应避免的矛盾与隔阂，而且会对学生的全面发展起到极为不利的负面作用；三是在布置课外作业及安排课外辅导时间方面，各科教师要依据班主任及学校教务部门的统一安排统筹考虑，切不可为了迫使学生多利用课余时间学习自己所教的学科，而有意加大作业量，试图挤掉学生学习其他学科的时间。

3. 先进教师与普通教师应互相学习

某些教师由于学历、资历、教学水平、科研水平等方面的优势而成为先进教师，这不仅是他们本人的荣誉，也是教师集体的荣誉，他们的先进经验是全体教师的宝贵财富。

作为先进教师，切忌盲目自大、孤芳自赏、骄傲自满，必须清醒地认识到人外有人，必须保持谦逊大度，虚心接受其他教师的意见和建议，并团结所有教师，尊重所有教师，以实现共同进步。

作为普通教师，必须认识到先进教师在某些方面的过人之处值得自己认真学习。"见贤思齐"，练好本事，自己争取也做先进教师，而不是嫉贤妒能。此外，学校也要为普通教师创设良好的学习条件，给他们更多的培训、外出学习考察的机会，使他们能够通过不断的学习，尽快成长起来。

4. 班主任与科任教师应互相支持

班主任和科任教师都是学校教育教学工作的重要组成人员，应密切配合、相互支持，共同为培养高素质人才而努力。

通常而言，班主任在学生心目中占有更大的比重。这是因为班主任往往比科任教师掌握更多的学生信息，并拥有更多对学生评价的权利。即使如此，班主任也不能"一手遮天"。为了使学生能够得到全面的发展，班主任必须善于团结其他科任教师，注意听取他们的意见，发挥他们的作用。

科任教师也要考虑到班主任工作的烦琐与艰辛，积极配合班主任的工作，及时向班主任反映学生的思想和学习情况，并帮助班主任出谋划策。

【案例】

各自为政的教师

语文教研组组长准备推行新的教学方法，但新入组的杨老师觉得这种方法不适合现阶段的学生。在集体备课时，杨老师向教研组组长提出了自己的意见，希望能够先选择一个班进行试点，在总结经验教训后再全面推行。教研组组长认为杨老师刚来，不了解情况，否决了他的意见。

杨老师觉得组长不尊重同事、做事武断，因此在执行工作时难免有情绪。教研组组长觉得杨老师有"单干风"，不能和组里的同事团结协作，因此经常会因某些小事故意针对杨老师。连学生都能感觉到教研组组长和杨老师关系微妙。

二、教师之间的合作与竞争关系

教师之间的合作与竞争是互为前提、辩证统一的。教育事业的发展对教师的要求越来越高，教师既要具有合作意识、合作能力，也要具有竞争意识、竞争能力，这样才能促进自身水平的提高。

（一）如何看待教师之间的合作关系

当今社会，学生获取信息的途径逐渐多元化，学生对知识深度和广度的要求随之增加。与此同时，社会对人才的要求越来越高，综合素质高、知识面广、文理兼通的学生才是社会所需要的人才。这就使得教师的教育教学工作面临着更多、更大的挑战。当教师的"单打独斗"不能再满足教育现状时，教师之间的合作对提升教育教学水平就显得至关重要。

1. 教师之间合作的意义

（1）有利于提高教师的教育教学水平

不同教师在知识结构、专业水平、思维方式、认知能力等方面或多或少地存在着差异。教师之间的合作和分享可以克服单个教师在学科知识理解上的偏差，拓展教师的学科视野，帮助教师更好地突破教学重点和教学难点，从而提高整体教学水平。

另外，教师之间开展合作还可以有效地克服单个教师对学生个性及心理特征认识上的偏差，从而有效减少因个人获取信息不足而造成的教育失误。

（2）有利于学生良好人际关系的形成

教师的一言一行都会对学生产生影响，所以学生也会参照教师为人处世的态度和方式去处理自己的人际关系。因此，教师是否善于团结协作，是否能够较好地处理人际关系，对于培养学生的合作意识，提高他们适应社会的能力，都有着至关重要的作用。

（3）有利于减轻教师的心理压力

激烈的社会竞争和繁重的工作负担增加了教师的心理压力，而教师之间开展合作对提升教师的幸福指数具有重要的意义。合作与分享能够使教师从同伴那里获得更多的支持、安慰和帮助，进而能够减轻自身的心理压力，并获得更多的信心和力量。

2. 教师之间合作的途径

（1）教研组教师合作

同一教研组的教师可通过集体备课、教研组说课和教研组头脑风暴等形式，促进同伴的共同成长。

集体备课是指同一年级、同一学科的教师一起备课。备课的主要内容包括制订教学计划，分析重难点，选取典型例题、案例，预见学生可能出现的理解障碍及其他问题等。这种集思广益的备课方式能够有效地提升每位教师的备课质量，为提高课堂讲授的有效性奠定了坚实的基础。

教研组说课是指教研组定期选取一位或几位教师，让其在备课的基础上，于授课之前在教研组内就教学思路、教学方法、重点及难点的解决等进行口头讲解，教研组内的其他同事共同评课、找出问题、提出改进意见。

教研组头脑风暴是指教研组的全体成员在融洽和不受任何限制的气氛中，以会议的形式就某个问题进行讨论、座谈。在这种合作过程中，每个人都会积极思考，畅所欲言，充分发表看法，因此这种合作方式可以有效开拓教师的眼界和思维，可以帮助每一位教师获取来自教研组其他成员的智慧和灵感。

（2）教师结伴合作

教师结伴合作是指一些教师基于某种共同需求或共同特点自由组成特定的合作小组，在相互交流与沟通中获得一定的教学方法及心理支持。由于结伴合作方式相对灵活、针对性强、氛围比较轻松，使得教师在合作中能够充分、自由地分享信息，并能获得一定的归属感和快乐感，因此，结伴合作对教师的专业成长有非常直接的作用。结伴合作的具体形式包括教育沙龙、师徒结对等。

3. 问题研讨式合作

问题研讨式合作主要是指教师围绕在工作中碰到的教育教学问题开展专题研讨活动。教师通过研讨中的合作、分享、交流，可有效提高自身解决问题的能力。由于每位教师都有自己的强项，也有自己的弱项，因此，只有教师相互合作、取长补短，才能取得共同的进步。问题研讨式合作的主要方式为召开各种研讨会，如学生心理问题研讨会、校本课程研讨会等。

（二）如何解决教师之间的竞争问题

1. 教师之间竞争的表现

在现代社会，各行各业都存在着竞争，在教育领域，教师之间的竞争也不可避免。教师之间的竞争主要表现在教学成绩、班级的日常表现、学校的工作安排，以及工资、奖金、福利待遇、评职、评优等方面。

教学成绩主要包括教师所任教班级的学生考试成绩、学生成绩在年级的排名、学生的学科竞赛成绩等。

若教师担任某个班级的班主任，那么班级的日常管理水平、在各种活动中的表现，以及能否在"文明班集体""优秀班集体"等的评选中胜出等，也是教师们竞争的主要方面。

与此同时，大多数的学校都会有科任教师及班主任评价体系。学校会根据评价的结果来确定教师的工资和福利待遇的等级，教师之间必然会为此而展开竞争。在实施竞聘上岗的学校，教师之间的竞争还体现在能否被聘任、职务安排以及工作量等方面。另外，教师在职称评定、评选先进等方面也存在着激烈的竞争。

教师不应该成为惧怕竞争的人，因为只有在竞争中才能实现自身的最大价值。教师应以拼搏、进取、贡献为荣，学校也要营造人人争先进、个个比贡献的竞争氛围。

2. 教师之间不正当竞争的原因

提倡教师竞争的真正目的是弘扬奋发向上的精神，鼓励追求卓越的人生态度，因此，竞争应该是公平的。但在现实生活中，却出现了个别教师为了竞争不择手段的情况。究其原因，主要有以下几个方面。

（1）教师自身的原因

有些教师的业务水平同优秀教师相比有差距，但其自尊心很强，不愿意输给其他教师，因此，他们或者采取不正当的手段提高自己任教班级的成绩，或者发现有好的学习资料不愿意与同事分享，生怕别的教师超过自己。

（2）学校制度的原因

受片面追求学习成绩和升学率思想的影响，一些学校为了激励教师提高学生的考试成绩，制定了异常严格的教师评价和奖惩制度，使得个别教师为了自己的岗位、奖金、荣誉等，采取了一些不正当的竞争手段来提高学生的学习成绩。

（3）社会的原因

当今社会对学校的评价标准主要还是学校的升学考试成绩排名和升学率，这就使得家长和学生对教师的期望越来越高，希望教师能够保证班级成绩优异，希望教师能够在较短的时间内提高学生的学习成绩。而那些未能在短时间内提高成绩的学生家长则可能会要求学校更换科任教师，这就迫使个别教师为了提高学生成绩而采取不正当的手段参与竞争。

3. 教师之间不正当竞争的危害

不正当竞争使得教师之间只有利益没有协作，不仅影响了教师个人的发展和教师之间的人际关系，也阻碍了学校教育教学的发展。

不正当竞争促使每个教师都暗自拼命工作，谁也不甘落后，这使得教师越发感受到竞争带给自己的巨大精神压力，从而长期处于恐慌与焦虑的状态，甚至有的教师因为不正当竞争带来的挫败感和自卑感，对教育工作产生了厌烦、抗拒等不良心态。还有些教师为了维护自己的利益，不愿将自己的智慧和经验与他人分享，这不仅导致教师之间人际关系僵化，也使得学校逐渐处于封闭、保守的教学氛围，从而影响整体教育教学效果，并阻碍教师的成长。

4. 解决教师之间不正当竞争的方式

竞争作为社会发展的重要动力，无论是对群体还是对个人，只要公平、公正，都能起到促进作用。对于教师之间不正当竞争问题，学校可以采取以下措施解决。

（1）学校要提倡公平合理的竞争

首先，对于那些在荣誉和利益面前采取不正当竞争手段的教师，学校的管理者要坚决进行批评教育，以在学校里树立和弘扬正气，倡导良性的、公平合理的竞争。

其次，学校管理者在教师评职、评优的过程中，应采取更加科学、民主的态度，本着公开、公正、公平的原则进行，广泛征求各方代表的意见，真正把那些师德高尚、业绩突出且具有奉献精神的教师评选出来。

（2）学校要创设能够让教师坦然面对竞争的和谐氛围

虽然分数是教育成果的主要评价标准，但分数远远不是学校教育教学的全部意义所在。因此，学校需要以理性的眼光对待分数，不要搞一刀切式的竞争，否则，必然导致教师出现自卑、嫉妒、焦虑等心理问题，这些都不利于学校的长远发展。学校的管理者应全面、科学、动态地评价教师的工作，关注教师的个体差异，结合教师的实际情况确定教师的工作目标，而不要过分强调分数。

一所学校教育质量的高低不是由个别先进教师决定的，而是由全校的整体师资水平决定的。因此，学校要着力打造一支团结协作的教师队伍，关注教师人力资源的质量和可持续发展；要从实际出发，既鼓励竞争，也考虑竞争带来的消极影响；要根据教师的年龄、任教年限、任教学科、专业水平等，明确竞争的范围、竞争的量与度，引导教师合理竞争。

【思考练习】

1. 和谐师生关系的构建有哪些原则？
2. 教师应该如何面对学生的质疑？
3. 新教师应如何建立和谐同事关系？
4. 学校如何处理教师间的竞争与合作的关系？

参 考 文 献

1. 杨丽．教师职业道德［M］．长春：东北师范大学出版社，2015.

2. 傅维利．教师职业道德教育指南［M］．2 版．北京：高等教育出版社，2009.

3. 刘亭亭．教师职业道德［M］．北京：北京大学出版社，2017.

4. 包连宗，郑建平．教师职业道德修养［M］．上海：华东师范大学出版社，2015.

5. 钱焕琦．教师职业道德规范［M］．上海：华东师范大学出版社，2020.

6. 李彦福．落实教育规划纲要背景下的师德修养［M］．南宁：广西教育出版社，2012.

7. 檀传宝．教师职业道德［M］．北京：北京师范大学出版社，2020.

8. 杨春茂．师德启思［M］．北京：人民日报出版社，2012.

9. 教育部师范教育司．新世纪教师职业道德修养［M］．北京：教育科学出版社，2002.

10. 占莉萍，宋振海．教师职业道德［M］．北京：航空工业出版社，2021.